돈황 법보단경

원순 스님

해인사 백련암에서 성철 스님을 은사로 모시고 출가하여
해인사 · 송광사 · 봉암사 등 제방선원에서 정진하였다.
『명추회요』를 번역한 『마음을 바로 봅시다』
『禪 스승의 편지』『한글원각경』『선요』『몽산법어』『도서』『연꽃법화경』
『선가귀감』 및 『금강경오가해설의』를 저자별로 번역한 여섯 권의 금강경과
선가귀감을 강설한 『선 수행의 길잡이』 등 다수의 불서를 펴냈으며
난해한 원효 스님의 『대승기신론소·별기』를 『큰 믿음을 일으키는 글』로 풀이하였다.
현재 송광사 인월암에서 안거 중.

돈황 법보단경

초판 발행 | 2014년 8월 7일
초판 2쇄 | 2018년 3월 31일
펴낸이 | 열린마음
저자 | 원순
편집 | 유진영
디자인 | 안현

펴낸곳 | 도서출판 법공양
등록 | 1999년 2월 2일 · 제1-a2441
주소 | 110-170 서울시 종로구 수송동
　　　　　 두산위브파빌리온 836호
전화 | 02-734-9428
팩스 | 02-6008-7024
이메일 | dharmabooks@chol.com

값 20,000원

부처님의 가르침을 올바르게 _ 도서출판 법공양

돈황 법보단경

원순 강설

도서
출판 법공양

『돈황 법보단경』 강설본을 펴내며

『육조단경』은 돈황본, 덕이본, 종보본, 혜흔본, 대승사본 홍성사본 등 여러 판본이 있습니다. 그 가운데 '몽산 덕이본'은 오랜 세월 한국의 불가에서 많이 읽혀 왔는데, '육조 대사의 일대기'를 극적으로 전개하며 선종의 근본 가르침을 전하고 있는 것이 특징입니다. 육조스님(638-713)이 오조 홍인 대사를 만나 우여곡절 끝에 법을 전해 받고 몸을 피해 남방으로 내려가 숨어 살다 법을 설하게 되는 이야기는 단숨에 읽어 내려갈 정도로 재미가 있습니다. 자칫 어렵게 느껴질 수 있는 내용을 흥미를 잃지 않고 끝까지 읽을 수 있도록 유려한 필치로 전개되고 있는 것이 덕이본의 매력입니다. 2005년도에 쉽고 재미있는 '몽산 덕이본'을 『육조단경』으로 번역한 바 있습니다.

'돈황본'은 돈황 석굴에서 필사본 육조단경이 발굴되었다고 해서 붙여진 이름입니다. 학자들은 새로 발견된 '돈황본'을 다른 판본과 비교 연구하였는데, 원문에서 틀린 한자가 530자 이상 나오고, 문맥상 빼야 할 한자와 보태야 할 한자가 150자가 넘을 정도로 오류가 많았습니다. 이처럼 상당히 많은 원문의 한자를 교정하여 유통되고 있는

것이 오늘날 '돈황본 육조단경'입니다. 문장이 잘 다듬어진 '덕이본'
과는 사뭇 대조적이지만 '돈황본'은 천년 동안 돈황굴에 보관되어 뒷
사람들의 손질을 받지 않아 본래 뜻이 훼손되지 않았으므로, 육조 스
님의 육성이 고스란히 담겨 있어 그 가치를 인정받고 있습니다.

돈황본 육조단경은 다른 판본에 비해 분량이 적은 편인데 다른 판본
과 달리 군더더기 없이 육조단경의 핵심만 담겨 있기 때문이라고 볼
수 있습니다. '돈황본 육조단경'은 육조단경의 골수를 담고 있어 '덕
이본'처럼 극적인 흥미는 없지만, 선종의 근본 가르침을 담박하게 바
로 볼 수 있게 합니다. 그러므로 단경을 통해 자신의 성품과 삶을 통
찰할 수 있는 힘이 생기는 것입니다. 은사 스님께서 돈황본 단경을 중
시 여기던 까닭도 여기에 있지 않았나 하는 생각이 듭니다.

돈황굴에서 발견된 법의 보배

이 책의 제목을 『돈황 법보단경』이라 한 것은, '돈황굴에서 나온 법
보단경'이란 뜻입니다. 이는 '덕이본'에서 이 책의 이름을 『육조혜능
대사법보단경六祖慧能大師法寶壇經』이라고 말한 데에서 그 이름을
빌려 온 것입니다. 이 책은 주로 '돈황본 육조단경'이라고 알려져 있
지만 육조단경이 '법보'라는 것을 강조하고 싶어 달리 책제목을 정해
본 것입니다. '법보'란 육조 스님의 이 말씀이 법의 보배, 곧 '최고의
가르침'이란 뜻이기 때문입니다. 또 육조 스님이 광주 법성사 '계단
戒壇'에서 계를 받고 법문을 시작하셨기 때문에 이 일을 기리기 위하

여 '단경'이라고 하였습니다.

원래 부처님의 가르침이 들어있는 책에만 '경'자를 붙이게 되어있음에도 불구하고 육조단경만 조사어록으로는 유일하게 '경'이라 불리고 있는데, 이는 육조 스님 말씀이 부처님의 가르침과 한 치도 어긋나지 않고, 선종의 근본 뜻을 쉬운 말로 명료하게 드러내고 있기 때문입니다.

강설을 싣게 된 인연

사람의 인연도 그러하지만 책도 시절인연이 있는 것 같습니다. 이 경은 원래 2013년 봄에 번역본만 출간하려고 했습니다. 그런데 '돈황법보단경'을 마무리 할 즈음 불교방송에서 육조단경을 법문해 달라는 청이 들어왔습니다. 이 책을 가지고 법문을 했으면 좋겠다고 생각했지만 아직 발간 전이라 예전에 출간한 '덕이본'을 가지고 대중 법문을 하게 되었습니다.

법문은 번역과 또 달랐습니다. 번역은 본뜻에 충실하면 되지만 법문은 대중들에게 육조단경이 지닌 뜻을 알기 쉽게 전달해야 하기 때문에 고심하게 되었습니다. 그러다보니 육조단경 구절구절에 담긴 뜻을 다시 새겨 보고 공부하지 않을 수 없었습니다. 다행이 불교방송을 통해 법문을 들은 분들이 많은 성원을 해주셨고, 특히 육조 스님의 가르침이 단박에 가슴에 와 닿았다는 말씀에 힘입어, 육조단경에 대한 독

자들의 이해를 돕고자 법문 가운데 육조단경의 핵심 뜻이 풀이된 부분을 추려 강설로 엮게 되었습니다.

비록 덕이본을 강설한 것이지만 덕이본과 돈황본은 내용구성에차이가 있을 뿐 육조 스님께서 전하시고자 하는 근본 뜻은 같다고 봅니다. 그러므로 덕이본은 물론 다른 판본을 공부하신 분들도 이 강설을 통해 육조단경의 근본 뜻을 이해하는데 도움이 되리라 믿습니다.

육조단경의 가르침을 받아 '자기 마음이 본디 부처님'이라는 사실을 돌이켜 볼 수 있다면, 그 마음자리는 부처님과 다르지 않을 것입니다. 육조 스님의 게송으로 서문을 갈무리하고자 합니다.

모든 중생 그 자체에 도가 있는데
마음속의 도를 떠나 도를 찾으면
종신토록 도 찾아도 도를 못 보니
하얀 머리 성성해도 고뇌 깊으리.

2014년 7월 1일
송광사 인월행자 원순 두손 모음

차례

2부. 법보단경 강설

일러두기

1. 이 책의 원문은 도서출판 장경각에서 발행한『돈황본 육조
   단경』을 저본으로 한다.
2. 이 책의 번역은 이미 출간된 육조단경 여러 판본 중, 도서
   출판 법공양에서 2005년도에 발행한『육조단경 덕이본』
   을 가장 많이 참조 하였다.
3. '돈황본 원본'을 교정한 내용은 이 책의 원문 한자 위에 기
   호를 붙여 표시하였다.
   예를 들어 기호가 붙은 靜자는 틀린 글자를 바로 잡았다는
   의미이고, 嶺자는 빠진 글자를 보충하였다는 의미이다.
   그러나 '돈황본 원본'에서 삭제된 글자는 따로 표시하지
   않았고, 저자가 고친 글자는 따로 주를 달아 표기하였다.
4. 이 책의 단락은 장경각 판본을 따랐지만 소제목은 내용에
   맞추어 다시 달았다.
5. 智惠나 定惠에 쓰인 '惠'자는 요즈음 많이 통용해 쓰이는
   '慧'자로 바꾸어 표기하였다.
   예) 智惠 - 智慧, 般若惠 - 般若慧, 定惠 - 定慧 등.

1부

돈황 법보단경

序言

惠能大師 於大梵寺講堂中 昇高座 說摩訶般若波羅密法 授無相
혜능대사 어대범사강당중 승고좌 설마하반야바라밀법 수무상

戒. 其時 座下 僧尼道俗 一萬餘人 韶州刺史 韋璩 及諸官僚 三十
계 기시 좌하 승니도속 일만여인 소주자사 위거 급제관료 삼십

餘人 儒士餘人 同請大師 說摩訶般般若波羅蜜法.
여인 유사여인 동청대사 설마하반반야바라밀법

刺史 遂令門人僧法海集記 流行後代 與學道者 承此宗旨 遞相
자사 수령문인승법해집기 유행후대 여학도자 승차종지 체상

傳授. 有所依約 以爲稟承 說此壇經.
전수 유소의약 이위품승 설차단경

1장. 육조단경이 만들어진 인연

혜능 큰스님께서 대범사 강당 높은 법상에 올라 '큰 지혜로 부처님의 마음을 깨치는 법'인 '마하반야바라밀법'을 설하고 '어떤 모습에도 집착이 없어야 한다'는 '무상계'를 주셨다. 이는 그때 청중으로 있던 비구, 비구니, 일반불자 일만여 명, 소주 자사 위거 등 관료 삼십여 명, 유교 선비 몇 사람이 다함께 대사에게 '마하반야바라밀법'을 설해주실 것을 청하였기 때문이다.

위거 자사는 법해 스님에게 이 법문을 모아 기록하고 후대에 도를 배우는 사람에게 알려, 그들이 이 종지를 받들고 서로 전하도록 하였다. 이러한 뜻을 펼치기 위하여 혜능 스님께서 법을 설하고 사부대중들이 이 법을 받들어 『육조단경』이 만들어지게 되었다.

尋師

能大師言. 善知識 淨心 念摩訶般若波羅蜜法.
능 대 사 언   선 지 식   정 심   염 마 하 반 야 바 라 밀 법

大師不語 自淨心神 良久乃言
대 사 불 어   자 정 심 신   양 구 내 언

善知識[1] 靜聽. 惠能慈父 本貫[2]范陽 左降遷流 嶺南新州百姓.
선 지 식   정 청   혜 능 자 부   본 관 범 양   좌 강 천 류   영 남 신 주 백 성

惠能幼小 父又[3]早亡 老母孤遺 移來南海 艱辛貧乏 於市賣柴.
혜 능 유 소   부 우 조 망   노 모 고 유   이 래 남 해   간 신 빈 핍   어 시 매 시

忽有一客買柴 遂令[4]惠能 至於客[5]店 客將柴去 惠能得錢 却
홀 유 일 객 매 시   수 령 혜 능   지 어 객 점   객 장 시 거   혜 능 득 전   각

向門前 忽見一客 讀金剛經. 惠能一聞 心明便悟 乃問客曰 從何
향 문 전   홀 견 일 객   독 금 강 경   혜 능 일 문   심 명 변 오   내 문 객 왈   종 하

處來 持此經典.
처 래   지 차 경 전

---

1. 육조단경에서 '선지식'이란 표현은 법문 듣고 있는 대중을 지칭한 것이다.
2. '本官'을 오자로 보아 '本貫'으로 역자가 바꾸었다.
3. 돈황본 '小'자를 덕이본을 참고하여 '又'자로 역자가 바꾸었다.
4. '遂領'을 오자로 보아 '遂令'으로 역자가 바꾸었다.
5. 돈황본 '官'자를 덕이본을 참고하여 '客'자로 역자가 바꾸었다.

2장. 스승을 찾아가다

혜능 큰스님께서 대중들을 향하여 말씀하셨다.

선지식들이여, 마음을 깨끗이 하고 '큰 지혜로 부처님의 마음을 깨치는 법'인 '마하반야바라밀'을 마음속에 항상 잊지 말고 두어야 한다.

말씀 없이 맑고 깨끗한 마음에서 한참 있다 다시 말씀하시기를

선지식들이여, 잘 들으시오.

나의 아버지는 본관이 '범양'인데 낙향하여 영남의 신주 백성이 되었다. 아버지는 일찍 내가 어릴 때 돌아가시고 홀로 된 늙은 어머니와 살았다. 뒷날 남해로 이사 간 나는 시장에서 땔나무를 팔며 아주 어렵게 살고 있었다. 하루는 어떤 사람이 땔나무를 산 뒤에 그의 가게에다 부리게 했는데, 나는 땔나무 값을 받고 가게에서 나오다가 『금강경』을 읽고 있는 손님을 보게 되었다. 나는 손님이 읽고 있던 '그 어디에도 집착하지 말아야 한다[應無所住而生其心]'는 내용을 한 번 듣고 그때 바로 마음이 밝아져 깨달았다. 나는 너무 기뻐 손님에게 "어디에서 오신 분이기에 이 경전을 갖고 계십니까?"라고 물었다.

客答曰 我於蘄州 黃梅縣 東憑茂山 禮拜五祖弘忍和尙[1] 見今
객 답 왈 아 어 기 주 황 매 현 동 빙 무 산 예 배 오 조 홍 인 화 상 견 금

在彼 門人有千餘衆 我於彼聽見大師勸道俗 但持金剛經一卷 卽
재 피 문 인 유 천 여 중 아 어 피 청 견 대 사 권 도 속 단 지 금 강 경 일 권 즉

得見性 直了成佛. 惠能 聞說 宿業有緣 便卽辭親 往黃梅憑茂山
득 견 성 직 료 성 불 혜 능 문 설 숙 업 유 연 변 즉 사 친 왕 황 매 빙 무 산

禮拜五祖弘忍和尙. 弘忍和尙 問惠能曰 汝何方人 來此山 禮拜
예 배 오 조 홍 인 화 상 홍 인 화 상 문 혜 능 왈 여 하 방 인 내 차 산 예 배

吾 汝今向吾邊 復求何物. 惠能 答曰 弟子是嶺南人 新州百姓 今
오 여 금 향 오 변 부 구 하 물 혜 능 답 왈 제 자 시 영 남 인 신 주 백 성 금

故遠來 禮拜和尙 不求餘物 唯求佛法[2]. 大師遂責惠能曰 汝是
고 원 래 예 배 화 상 불 구 여 물 유 구 불 법 대 사 수 책 혜 능 왈 여 시

嶺南人 又是獦獠[3] 若爲堪作佛. 惠能 答曰 人卽有南北 佛性卽
영 남 인 우 시 갈 료 약 위 감 작 불 혜 능 답 왈 인 즉 유 남 북 불 성 즉

無南北 獦獠身與和尙不同 佛性有何差別.
무 남 북 갈 료 신 여 화 상 부 동 불 성 유 하 차 별

大師欲更共議 見左右在傍邊 大師更不言. 遂發遣惠能 令隨衆
대 사 욕 갱 공 의 견 좌 우 재 방 변 대 사 갱 불 언 수 발 견 혜 능 영 수 중

作務. 時有一行者 遂差惠能於碓房 踏碓八箇餘月.
작 무 시 유 일 행 자 수 차 혜 능 어 대 방 답 대 팔 개 여 월

---

1. 중국 선종의 5조로서 호북성 기주 황매현 사람이다. 열세 살 때 4조 도신을 만나
   30년을 모시다가 법을 이었다.
2. 장경각에서 나온 돈황본에는 '唯求作佛法'라고 되어있으나 덕이본을 참조하여 '作'
   을 생략하였다.
3. 서남쪽에 있는 오랑캐라는 뜻이다.

손님은 대답하기를 "나는 기주 황매현 동빙무산에 계시는 오조 홍인 큰스님 문하에서 공부하였는데, 지금 그곳에는 일천 여명의 대중이 함께 수행하고 있습니다. 나는 그곳에 계신 큰스님께서 스님들과 일반불자들에게 '금강경만 받아 지녀 공부하면 곧 참 성품을 보고 바로 알아 부처님이 된다.'라고 말씀하신 것을 들었지요."라고 하였다. 나는 이 말을 듣고 전생의 인연이 있었던지 늙은 어머님을 떠나 황매현 동빙무산으로 가게 되었다.

오조 홍인 큰스님을 뵙고 예배를 올리자 큰스님께서 내게 물으셨다.

홍인 : 그대는 어디 사람이며 이 산에까지 찾아와 나한테 무엇을 얻으려고 하는가?

혜능 : 저는 영남 신주 사람인데, 제가 지금 멀리서 큰스님을 일부러 찾아와 예배 올림은 다름이 아니오라 오직 부처님의 법을 알고자 할 뿐입니다.

홍인 : 태생이 하찮은 영남 사람인데 어떻게 감히 그대가 부처가 되고자 하는가?

혜능 : 사람의 태생에 남과 북의 차별이 있더라도 부처님 성품에는 남과 북의 차별이 없듯, 저와 큰스님이 사는 곳이 달라 신분이 다를지 몰라도 부처님 성품에 무슨 차별이 있겠습니까?

홍인 큰스님께서 더 말씀하시려다 곁에 대중들이 빙 둘러 모여 있는 것을 보고 그만두셨다. 그리고 나를 내보내어 대중과 함께 일하도록 하였다. 그때 어떤 행자가 나를 방앗간으로 데리고 갔는데, 나는 거기서 여덟 달 남짓 방아 찧는 일을 하였다.

命偈

五祖 忽[1]於一日 喚門人盡來 門人集訖.
오조 홀 어일일 환문인진래 문인집흘

五祖曰 吾向汝說 世人 生死事大 汝等門人 終日供養 只求福田
오조왈 오향여설 세인 생사사대 여등문인 종일공양 지구복전

不求出離 生死苦海. 汝等自性迷 福門何可救汝. 汝惣且歸房自
불구출리 생사고해 여등자성미 복문하가구여 여총차귀방자

看. 有智慧者 自取本性般若之知 各作一偈呈吾. 吾看汝偈 若悟
간 유지혜자 자취본성반야지지 각작일게정오 오간여게 약오

大意者 付汝衣法 禀爲六代 火急急.
대의자 부여의법 품위육대 화급급

門人得處分 却來各至自房 遞相謂言 我等 不須呈心用意作偈
문인득처분 각래각지자방 체상위언 아등 불수정심용의작게

將呈和尙 神秀上座 是教授師 秀上座得法後 自可依止 請不用
장정화상 신수상좌 시교수사 수상좌득법후 자가의지 청불용

作. 諸人息心 盡不敢呈偈.
작 제인식심 진불감정게

---

1. 장경각 돈황본의 '忍'을 원문에 있는 '忽'자로 바꾸었다.

3장. 게송을 짓게 하다

어느 날 갑자기 오조 큰스님께서 대중들을 불러 모아 말씀하셨다. "그대들에게 긴히 할 말이 있다. 세상 사람은 태어나고 죽는 문제가 아주 큰일인데, 그대들은 종일토록 공양을 올리고 복만 구할 뿐, 태어나고 죽는 생사윤회의 고해에서 벗어날 생각을 않는구나. 그대들 자신의 성품이 어리석으니, 복 짓는 일만으로 어찌 자신을 구할 수 있겠느냐? 그대들 모두 선방으로 돌아가 자신의 마음을 챙겨라. 지혜로운 사람은 자신의 '본디 성품 반야의 앎'에서 깨우친 것을 저마다 게송으로 하나씩 지어 나에게 가져와라. 내가 게송을 살펴 큰 뜻을 깨우친 것이라면, 그에게 가사와 법을 전하여 맡기고 육대 조사로서 인가하리니 어서 급히 서둘러라."

대중들은 오조 스님의 말씀을 듣고 자신들 선방으로 돌아와 서로 말하기를 "우리들이 애써 게송을 지어 큰스님께 바칠 일이 아니다. 신수 스님이 현재 교수사이니 그분이 법을 얻으면 어차피 우리는 그분한테 의지할 것인데 우리가 굳이 게송을 지을 필요가 있겠는가?"라고 하였다. 이에 모든 사람들이 게송 지을 생각을 내려놓고 감히 게송을 지어 바치려고 하지 않았다.

時 大師堂前 有三間房廊
시 대사당전 유삼간방랑

於此廊下 供養 欲畫楞伽變 幷畫五祖大師 傳授衣法 流行後代
어차낭하 공양 욕화능가변 병화오조대사 전수의법 유행후대

爲記.
위기

畫人盧珍 看壁了 明日下手.
화인노진 간벽료 명일하수

그 당시 오조 스님 방 앞에는 세 칸의 복도가 있었다. 절에서는 이 복도
에다 화가 노진에게 '능가경 변상도變相圖'와 후대에 남기는 기록으로
써 '도신 스님께서 오조 스님에게 가사와 법을 전하는 장면'을 그리게
하여 모든 사람에게 공양 올리려고 하였다. 화가 노진은 복도의 벽을
살펴보고 다음 날 그림을 그리려고 준비하였다.

神秀

上座神秀 思惟.
상좌 신수 사유

諸人不呈心偈 緣我爲敎授師
제 인 부 정 심 게 연 아 위 교 수 사

我若不呈心偈 五祖如何得見 我心中見解深淺.
아 약 부 정 심 게 오 조 여 하 득 견 아 심 중 견 해 심 천

我將心偈 上五祖呈意 求法卽善 覓祖不善. 却同凡心 奪其聖位.
아 장 심 게 상 오 조 정 의 구 법 즉 선 멱 조 불 선 각 동 범 심 탈 기 성 위

若不呈心 終不得法 良久思惟 甚難甚難.¹
약 부 정 심 종 부 득 법 양 구 사 유 심 난 심 난

夜至三更 不令人見 遂向南廊下 中間壁上 題作呈心偈 欲求於
야 지 삼 경 불 령 인 견 수 향 남 랑 하 중 간 벽 상 제 작 정 심 게 욕 구 어

法. 若五祖見偈 言 此偈語不堪 若訪覓我 我宿業障重 不合得法.
법 약 오 조 견 게 언 차 게 어 불 감 약 방 멱 아 아 숙 업 장 중 불 합 득 법

聖意難測 我心自息.
성 의 난 측 아 심 자 식

---

1. 돈황본에서 '甚難甚難 甚難甚難'이라고 반복되므로 한 구절을 역자가 생략하였다.

24

4장. 신수 스님이 게송을 짓다

신수 스님은 깊은 생각에 빠졌다.

대중들이 큰스님께 게송을 바치지 않고 있는 것은 내가 그들을 가르치는 교수사이기 때문이다. 나 또한 게송을 지어 바치지 않는다면 큰스님께서 어떻게 내 공부의 깊이를 알 수 있겠는가?

내가 큰스님께 게송을 바치는 뜻이 법을 구하는 데 있다면 옳겠지만 조사의 자리를 바란다면 옳지 않은 일이다. 범부가 성인의 자리를 빼앗으려는 것과 같기 때문이다. 그렇다고 게송을 지어 바치지 않는다면 끝내 법을 얻지 못할 것이니, 아무리 생각해 보아도 참으로 어렵고도 어려운 일이다.

아무래도 '마음의 게송'을 지어 사람들이 자고 있는 늦은 밤에 남쪽 복도 중간 벽에 써 놓고 법을 구해야겠다. 오조 스님께서 게송을 보시고 '이 게송은 당치 않다'면서 나를 찾으신다면, 내 전생 업장이 두터워 법을 얻지 못한 것이리라. 성인의 뜻은 알기 어려우니 내 마음을 스스로 내려놓아야겠다.

秀上座 三更 於南廊下中間壁上 秉燭題作偈 人盡不知
수 상 좌 삼 경 어 남 랑 하 중 간 벽 상 병 촉 제 작 게 인 진 부 지

偈曰
게 왈

身是菩提樹 心如明鏡臺
신 시 보 리 수 심 여 명 경 대

時時勤拂拭 莫使有塵埃.
시 시 근 불 식 막 사 유 진 애

神秀上座 題此偈畢 歸房臥 並無人見. 五祖平旦 遂喚盧供奉[1]
신 수 상 좌 제 차 게 필 귀 방 와 병 무 인 견 오 조 평 단 수 환 로 공 봉

來 南廊下 畵楞伽變 五祖忽見此偈 讀訖 乃謂供奉曰
래 남 랑 하 화 능 가 변 오 조 홀 견 차 게 독 흘 내 위 공 봉 왈

弘忍 與供奉錢三十千 深勞遠來 不畵變相也.
홍 인 여 공 봉 전 삼 십 천 심 로 원 래 불 화 변 상 야

金剛經 云 凡所有相 皆是虛妄 不如留此偈.
금 강 경 운 범 소 유 상 개 시 허 망 불 여 류 차 게

令迷人誦 依此修行 不墮三惡[2] 依法修行 人有大利益.
영 미 인 송 의 차 수 행 불 타 삼 악 의 법 수 행 인 유 대 이 익

---

1. 공봉供奉은 그림을 그리거나 남다른 재주를 갖고 있는 사람에게 주는 관직의 이름
   이다.
2. 삼악도는 지옥, 아귀 그리고 축생계를 말한다. 몸과 입과 뜻으로 지은 나쁜 업의
   과보를 받아 중생들이 태어나는 곳이다.

신수 스님이 늦은 밤 남쪽 복도 중간 벽에 촛불을 밝히고 게송을 써놓았지만 사람들은 아무도 알지 못하였다.

신수 스님의 게송은 다음과 같다.

> 나의 몸은 깨달음을 얻는 나무요
> 내 마음은 밝은 거울 깨끗한 경계
> 몸과 마음 부지런히 털고 닦아서
> 티끌 번뇌 일어나지 않게 하리라.

신수 스님이 게송을 써 놓고 방에 돌아와 누웠지만 아무도 본 사람이 없었다. 오조 스님께서 날 밝은 아침에 화가 노공봉을 불러 남쪽 복도 벽에 '능가경 변상도'를 그리게 하려다 이 게송을 보고 나서 공봉에게 말씀하셨다.

"내 그대에게 변상도를 그리게 하지는 않겠지만 삼만 냥을 주어 멀리 찾아온 노고에 후하게 보답하겠다. 『금강경』에서 '무릇 존재하는 온갖 모습은 다 허망하다.'라고 하였으니, 이 게송을 붙여두는 것만 못하리라. 어리석은 사람들이 이 게송을 외워 의지하고 수행하면 삼악도에 떨어지지 않을 것이며, 이 법을 의지하고 수행하는 사람들에게는 큰 이익이 있을 것이다."

大師遂喚門人盡來 焚香偈前 人衆入見 皆生敬心. 五祖曰
대사수환문인진래 분향게전 인중입견 개생경심 오조왈

汝等 盡誦此偈者 方得見性 依此修行 卽不墮落.
여등 진송차게자 방득견성 의차수행 즉불타락

門人盡誦 皆生敬心 喚言善哉.
문인진송 개생경심 환언선재

五祖 遂喚秀上座於堂內 問
오조 수환수상좌어당내 문

是汝作偈否. 若是汝作 應得我法.
시여작게부 약시여작 응득아법

秀上座言
수상좌언

罪過 實是神秀作 不敢求祖.
죄과 실시신수작 불감구조

願和尙 慈悲 看 弟子有小智慧 識大意否.
원화상 자비 간 제자유소지혜 식대의부

---

1. "이 게송을 외워야 '참 성품'을 본다.[誦此偈者 方得見性]"라고 말한 것은 방편으로
한 말이다. 이 장을 강설한 '도의 문안으로는 들어오지 못하였다'편 참조.

오조 스님께서 문도들을 다 불러 모아 게송 앞에서 향을 사르니, 사람들이 복도에서 이 광경을 보고 모두 공경하는 마음을 내었다. 오조 스님께서 말씀하셨다.

"그대들 모두 이 게송을 외워야 '참 성품'을 볼 것이니, 이에 의지하여 수행하는 사람은 삼악도에 떨어지지 않을 것이니라."

문도들이 다 외우고는 공손히 받들어 모시고, "참으로 좋은 게송이다."라고 찬탄하였다.

오조 큰스님께서 신수를 방으로 불러 물었다.

오조 : 게송을 그대가 지은 것이냐? 그대 게송이면 나의 법을 얻으리라.

신수 : 예, 부끄럽지만 제가 지은 것입니다. 그러나 분에 넘치게 조사의 자리를 넘보고 지은 것은 아닙니다. 부디 큰스님께서는 제가 조그마한 지혜라도 있어 부처님의 큰 뜻을 알고 있는지 자비로 살펴주시옵소서.

五祖曰
오 조 왈

汝作此偈 見卽來到 只到門前 尚未得入. 凡夫依此偈修行 卽不
여 작 차 게 견 즉 래 도 지 도 문 전 상 미 득 입 범 부 의 차 게 수 행 즉 불

墮落 作此見解 若覓無上菩提[1] 卽未可得. 須入得門 見自本性.
타 락 작 차 견 해 약 멱 무 상 보 리 즉 미 가 득 수 입 득 문 견 자 본 성

汝且去 一兩日來思惟 更作一偈 來呈吾. 若入得門 見自本性 當
여 차 거 일 양 일 래 사 유 갱 작 일 게 내 정 오 약 입 득 문 견 자 본 성 당

付汝衣法.
부 여 의 법

秀上座去 數日作不得.
수 상 좌 거 수 일 작 부 득

---

1. '무상보리'는 '최고의 깨달음'을 말한다.

30

오조 : 그대가 지은 게송을 보니 도가 있는 문 앞에 도달했지만 아직 도의 문안으로는 들어오지 못하였다. 범부들이 이 게송을 의지하고 수행하면 삼악도에 떨어지지 않겠지만, 이런 견해로 '무상보리'를 찾는다면 얻을 수가 없다. 모름지기 문 안으로 들어가야 자신의 본디 성품을 볼 것이다. 그대는 돌아가 하루나 이틀 더 말미를 갖고 다시 게송을 지어 나에게 가져오라. 만약 도의 문안으로 들어가 자신의 본디 성품을 본다면 그대에게 가사와 법을 전하리라.

신수 스님은 방으로 돌아갔지만 며칠이 지나도 게송을 짓지 못하였다.

呈偈

有一童子 於碓房邊過 唱誦此偈.
유일동자 어대방변과 창송차게

惠能一聞 知未見性 未識大意.
혜능일문 지미견성 미식대의

能問童子 適來誦者 是何言偈.
능문동자 적래송자 시하언게

童子答能曰 儞不知. 大師言 生死事大 欲傳衣法 令門人等 各作
동자답능왈 니부지 대사언 생사사대 욕전의법 영문인등 각작

一偈 來呈看 悟大意 卽付衣法 稟爲六代祖 有一上座 名神秀 忽
일게 내정간 오대의 즉부의법 품위육대조 유일상좌 명신수 홀

於南廊下 書無相偈一首 五祖 令諸門人 盡誦 悟此偈者 卽見自
어남랑하 서무상게일수 오조 영제문인 진송 오차게자 즉견자

性 依此修行 卽得出離.
성 의차수행 즉득출리

32

5장. 혜능이 게송을 지어 바치다

한 어린 스님이 방앗간을 지나면서 신수 스님의 게송을 소리 높여 외우고 있었다. 나는 이 게송을 한 번 듣자마자, 신수 스님이 아직 본디 성품을 보지 못하고 부처님의 큰 뜻을 알지 못했다는 것을 알았다. 나는 동자에게 물었다.

혜능 : 방앗간에 오면서 외우고 있는 것이 무슨 게송입니까?

동자 : 아직 모르고 계셨나요? 큰스님께서 "세상 사람에게는 태어나고 죽는 문제가 아주 큰일이다. 가사와 법을 전하려고 하니, 대중들은 각자 게송을 지어 나에게 가져와라. 만약 게송을 보고 부처님의 큰 뜻을 깨친 사람이 있으면 가사와 법을 부촉하여 그 사람을 육조로 삼으리라."라고 말씀하셔서, 신수 스님이 남쪽 복도 벽에 써 놓은 '무상게'입니다. 큰스님께서 대중 모두에게 이 게송을 읽고 외우라고 하시면서, 이 게송의 뜻을 깨달은 사람은 곧 자신의 성품을 볼 것이며, 이 게송에 의지하고 수행하면 삼악도를 멀리 벗어날 수 있다고 하셨습니다.

惠能 答曰 我此踏碓 八箇餘月 未至堂前 望上人 引惠能至南廊
혜능 답왈 아차답대 팔개여월 미지당전 망상인 인혜능지남랑

下 見此偈禮拜 亦願誦取 結來生緣 願生佛地.
하 견차게예배 역원송취 결래생연 원생불지

童子引能 至南廊下 能即禮拜此偈 爲不識字 請一人讀 惠能聞
동자인능 지남랑하 능즉예배차게 위불식자 청일인독 혜능문

已 即識大意.
이 즉식대의

惠能 亦作一偈 又請得一解書人 於西間壁上 題著 呈自本心. 不
혜능 역작일게 우청득일해서인 어서간벽상 제저 정자본심 불

識本心 學法無益 識心見性 即悟大意.
식본심 학법무익 식심견성 즉오대의

惠能 偈曰
혜능 게왈

菩提本無樹 明鏡亦無臺
보리본무수 명경역무대

佛性常淸淨 何處有塵埃.[1]
불성상청정 하처유진애

---

1. '佛性常淸淨 何處有塵埃' 이 구절은 다른 판본에서는 '本來無一物 何處惹塵埃'로 되어
있다. 이 장을 강설한 '신수 스님과 육조 스님의 게송'편 참조.

34

혜능 : 제가 여기서 디딜방아를 여덟 달 동안이나 찧고 있었지만 아직 큰스님 방 앞에는 가보지도 못했습니다. 제발 스님이 나를 복도로 데리고 가 그 게송을 보고 절을 올리게 하소서. 저도 이 게송을 외운 인연으로 다음 생에 '부처님 국토'에 태어나고 싶습니다.

동자 스님이 나를 복도로 인도해 주었고 나는 그 게송에 절을 올렸다. 나는 글을 몰랐기에 글을 아는 사람에게 읽어 주기를 부탁하여, 그 게송을 듣고는 곧 무슨 뜻인지 확실히 알았다.

이 인연으로 나도 '자신의 본디 마음을 드러낸 게송'을 지어, 글을 아는 사람에게 부탁하여 서쪽 복도 사이에 있는 벽에 써놓았다. 본디 마음을 모르면 법을 배워도 이익이 없지만, 마음을 알고 자성을 보면 곧 부처님의 큰 뜻을 깨닫게 되는 것이다.

나의 게송은 이러하였다.

> 깨달음은 잡혀지는 존재 아니고
> 밝은 마음 그 이름뿐 실체가 없네
> 불성이란 늘 언제나 맑고 깨끗해
> 어느 곳에 티끌 번뇌 있을 수 있나.

又 偈曰
우 게 왈

心是菩提樹 身爲明鏡臺
심 시 보 리 수 신 위 명 경 대

明鏡本淸淨 何處染塵埃.
명 경 본 청 정 하 처 염 진 애

院內徒衆 見能作此偈 盡怪 惠能 却入碓房.
원 내 도 중 견 능 작 차 게 진 괴 혜 능 각 입 대 방

五祖忽見惠能偈 卽善識大意 恐衆人知.
오 조 홀 견 혜 능 게 즉 선 식 대 의 공 중 인 지

五祖 乃謂衆人曰 此亦未得了.
오 조 내 위 중 인 왈 차 역 미 득 료

우리 마음 본래부터 깨달음 자체
우리 몸은 밝은 거울 빛나는 광명
밝은 거울 본디부터 맑고 깨끗해
어느 곳에 오염 티끌 있을까보냐.

절 안의 대중들이 내가 지은 게송을 보고 다들 기이하다고 생각하였
다. 나는 방앗간으로 돌아갔고 오조 큰스님께서는 내가 지은 게송이
큰 뜻을 잘 알고 있다는 것을 바로 보셨지만, 대중들이 이 사실을 알고
나에게 해를 끼칠까 걱정하셨다. 그래서 큰스님은 대중들에게 "이 게
송 또한 아직 큰 뜻을 얻지 못하였다."라고 말씀하셨다.

受法

五祖 夜至三更 喚惠能堂內 說金剛經.
오조 야지삼경 환혜능당내 설금강경

惠能 一聞 言下 便悟 其夜受法 人盡不知.
혜능 일문 언하 변오 기야수법 인진부지

便傳頓法[1] 及衣 汝爲六代祖 衣將爲信 稟代代相傳 法以心傳心
변전돈법 급의 여위육대조 의장위신 품대대상전 법이심전심

當令自悟. 五祖言 惠能 自古傳法 命如懸絲 若住此間 有人害汝
당령자오 오조언 혜능 자고전법 명여현사 약주차간 유인해여

汝卽須速去.
여즉수속거

能得衣法 三更 發去 五祖自送能於九江驛. 登時 便五祖處分
능득의법 삼경 발거 오조자송능어구강역 등시 변오조처분

汝去努力 將法向南 三年 勿弘此法 難起 在後弘化 善誘迷人 若
여거노력 장법향남 삼년 물홍차법 난기 재후홍화 선유미인 약

得心開 汝悟無別. 辭違已了 便發向南.
득심개 여오무별 사위이료 변발향남

---

1. 이 '단경'이 처음부터 끝까지 중점을 두는 것은 오직 돈법일 뿐 점법漸法에 대한
언급이 없으니, 점수漸修를 강조하는 것은 단경의 법이 아니다. 그러므로 바로 돈
법을 전한다고 말하는 것이다.

6장. 오조 스님의 법을 받다

오조 큰스님께서 늦은 밤에 나를 방으로 불러 금강경을 설하셨다. 나는 한 번 듣고 그 내용을 바로 깨달아 그날 밤 법을 받았는데, 다른 사람들은 아무도 이 사실을 몰랐다.

오조 큰스님은 단박에 깨치는 '돈법'과 '가사'를 전하며 "그대가 육대조사가 되었으니 가사를 신표로 삼아 대대로 전하고 법은 마음으로 전하여 스스로 깨치게 해야 할 것이다."라고 말씀하시고, 또 "혜능아, 예로부터 법을 전할 때마다 목숨이 실 끝에 매달린 것처럼 위태로웠다. 여기에 머물고 있다가는 그대를 해칠 사람을 만날 지도 모르니, 빨리 이곳을 떠나야 한다."라고 말씀하셨다.

내가 가사와 법을 받고 밤늦게 떠나니 오조 큰스님께서 몸소 구강나루터까지 배웅해 주셨다. 배에 오를 때 큰스님께서는 "그대는 노력하여 법을 가지고 남쪽으로 가 삼 년 동안은 이 법을 펴지 마라. 어려움이 있으리라. 뒷날 법을 펼 때 어리석은 사람을 잘 가르쳐 그들 마음이 열리면, 그대의 깨달음과 다를 게 없으리라."라고 말씀해 주셨다. 나는 큰스님과 헤어진 뒤 남쪽으로 갔다.

兩月中間 至大庾嶺 不知 向後 有數百人來 欲擬害惠能 奪衣法
양월중간 지대유령 부지 향후 유수백인래 욕의해혜능 탈의법

來至半路 盡惣却廻.
래지반로 진총각회

唯有一僧 姓陳 名惠明 先是三品將軍 性行 麤惡 直至嶺上 來趁
유유일승 성진 명혜명 선시삼품장군 성행 추악 직지령상 내진

犯著. 惠能 卽還法衣 又不肯取 我故遠來 求法 不要其衣.
범착 혜능 즉환법의 우불긍취 아고원래 구법 불요기의

能於嶺上 便傳法惠明 惠明得聞 言下心開.
능어령상 변전법혜명 혜명득문 언하심개

能使惠明 卽却向北化人來.
능사혜명 즉각향북화인래

두어 달 가량 되어 대유령에 도착하였는데, 그때까지도 가사와 발우를 빼앗으려고 내 뒤로 수백 명이 쫓아오다가 도중에 모두 포기하고 돌아간 사실을 나는 몰랐다.

다만 속가에서 삼품 장군을 지냈던 우람하고 거칠게 생긴 '진 혜명'이란 스님만 유일하게 바로 고갯마루까지 쫓아 올라와 마주치게 되었다. 내가 지체 없이 가사와 발우를 건네주었지만, 그는 받으려 하지 않고 "제가 일부러 멀리 찾아 온 것은, 법을 구하려 함이요, 가사를 뺏으려고 하는 것이 아닙니다."라고 하였다.

내가 고갯마루에서 혜명에게 법을 전하니, 법문을 듣고 그 자리에서 그는 마음이 열렸다. 나는 혜명에게 북쪽으로 가 사람들을 가르치라고 하였다.

定慧

惠能來依此地 與諸官僚道俗 亦有累劫之因.
혜능래의차지 여제관료도속 역유루겁지인

教是先聖所傳 不是惠能自知. 願聞先聖教者 各須淨心.
교시선성소전 불시혜능자지 원문선성교자 각수정심

聞了 願自除迷 如先代悟.
문료 원자제미 여선대오

惠能大師喚言
혜능대사환언

善知識 菩提般若之智 世人 本自有之 只¹緣心迷 不能自悟.
선지식 보리반야지지 세인 본자유지 지 연심미 불능자오

須求大善知識 示導 見性. 善知識 遇悟卽成智.
수구대선지식 시도 견성 선지식 우오즉성지

善知識 我此法門 以定慧爲本.²
선지식 아차법문 이정혜위본

第一勿迷言慧定 別. 定慧 體一不二.
제일물미언혜정 별 정혜 체일불이

---

1. 돈황본에는 '卽'으로 되어 있지만 역자가 덕이본에 있는 '只'자로 바꾸었다.
2. 『열반경』에서 "모든 부처님은 완전한 선정과 지혜가 하나 되어 평등하므로 분명히
   부처님의 성품을 본다.[諸佛世尊 定慧等故 明見佛性]"라고 말한 것처럼, 견성은 완전
   한 선정과 지혜를 근본으로 삼는 것이다.

7장. 선정과 지혜

내가 이곳에 온 것은 여기에 있는 나라일꾼 및 일반불자와 전생부터 오랜 인연이 있었기 때문이다. 이 가르침은 옛 성인이 전하신 바요, 나만 스스로 안 것이 아니다. 옛 성현의 가르침을 듣고자 한다면 저마다 마음을 깨끗이 하여야 한다. 법문을 듣고 스스로 어리석음에서 벗어나길 간절히 바라야 하니, 옛 사람의 깨달음과 같아야 한다.

이 다음부터는 혜능 대사가 법을 설하는 내용이다.

선지식들이여, 깨달음으로 드러나는 반야지혜는 세상 사람들이 저마다 본디 갖고 있는 것이지만 마음이 어리석어 스스로 깨닫지 못하고 있을 뿐이다. 그러므로 반드시 큰 선지식의 가르침을 받고 '참 성품'을 보아야만 한다. 선지식들이여, 깨달으면 지혜로운 사람이 된다.

선지식들이여, 나의 법문은 완전한 선정과 지혜를 근본으로 삼는다. 대중들이여 어리석게 선정과 지혜가 다르다고 말하지 마라. 선정과 지혜는 한 몸이지 다른 것이 아니다.

卽定是慧體 卽慧是定用. 卽慧之時 定在慧 卽定之時 慧在定.
즉정시혜체 즉혜시정용 즉혜지시 정재혜 즉정지시 혜재정

善知識 此義 卽是定慧等.
선지식 차의 즉시정혜등

學道之人 作意 莫言先定發慧 先慧發定 定慧各別.
학도지인 작의 막언선정발혜 선혜발정 정혜각별

作此見者 法有二相.
작차견자 법유이상

口說善 心不善 慧定不等.
구설선 심불선 혜정부등

心口俱善 內外一種 定慧卽等. 自悟修行 不在口諍.
심구구선 내외일종 정혜즉등 자오수행 부재구쟁

若諍先後 卽是迷人 不斷勝負 却生法我 不離四相[1].
약쟁선후 즉시미인 부단승부 각생법아 불리사상

---

1. 육조 스님은 『육조 스님 금강경』에서 '사상四相'에 대해 다음과 같이 말하고 있다.
   "어리석은 사람이 자신이 갖고 있는 재산이나 학문 또는 출신을 믿고 다른 사람을
   업신여기는 것, 이를 일러 '아상我相'이라 한다. 비록 인의예지신仁義禮智信을 실천
   하더라도 지나친 자부심으로 사람들을 두루 공경하지 않고, '나는 인의예지신을
   알고 실천한다.'라고 말하면서 공경하는 마음이 없는 것, 이를 일러 '인상人相'이라
   한다. 좋은 일은 자신이 챙기고 나쁜 일은 다른 사람에게 돌리는 것, 이를 일러 '중생
   상衆生相'이라 한다. 어떤 경계에 대하여 취사분별取捨分別하는 것, 이를 일러 '수자
   상壽者相'이라 한다. 이들 네 가지를 범부의 '사상四相'이라 한다."

곧 선정은 지혜의 바탕이고 지혜는 선정의 쓰임새이다. 지혜가 쓰일 때 선정이 그 지혜 속에 있고 선정에 있을 때 지혜는 그 선정 속에 있다. 선지식들이여, 이 뜻은 완전한 선정과 지혜는 차별 없이 평등하다는 것이다.

도를 배우는 사람이 어리석은 생각을 내어, 먼저 선정이 있고 나중에 지혜가 생긴다거나, 우선 지혜가 있고 뒤에 선정을 이룬다고 하면서, 선정과 지혜를 제각기 다른 것이라고 말하지 마라. 이런 견해는 법에 두 가지 모습이 있다고 생각하는 것이다.

입으로는 올바른 말을 하지만 마음이 올바르지 않다면, 선정과 지혜가 차별이 있어 평등한 것이 아니다. 마음과 입이 함께 올발라서 안팎이 똑같다면 선정과 지혜가 차별이 없어 그 자체가 평등하다. 스스로 깨우쳐 공부하는 일은, 입으로 법을 따져서 다투는 것에 있지 않다.

이것저것 앞뒤를 다툰다면 어리석은 사람이니, 이기고 지는 것이 끝나질 않아 그 자리에서 너와 나의 다툼만 더 심해지고 '나 잘났다는 마음'인 '사상四相'을 떠나지 못한다.

一行三昧[1]者 於一切時中 行住坐臥 常行直心[2].
일행삼매 자 어일체시중 행주좌와 상행직심

是淨名經 云 直心是道場 直心是淨土.
시정명경 운 직심시도량 직심시정토

莫心行諂曲 口說法直. 口說一行三昧 不行直心 非佛弟子.
막심행도곡 구설법직 구설일행삼매 불행직심 비불제자

但行直心 於一切法 無有執著 名一行三昧.
단행직심 어일체법 무유집착 명일행삼매

迷人 著法相 執一行三昧 直心坐不動 除妄不起心 卽是一行三
미인 착법상 집일행삼매 직심좌부동 제망불기심 즉시일행삼

昧 若如是 此法 同無情 却是障道因緣.
매 약여시 차법 동무정 각시장도인연

---

1. 일행삼매는 행주좌와에서 완전한 선정과 지혜가 하나 되는 삼매이다.
   『문수반야경』에서 "무엇을 일행삼매라고 합니까?"라고 물으니, 부처님께서 "법계는 하나의 모습인데 이 법계의 진실한 모습을 인연한 것을 일행삼매라고 한다. 일행삼매에 들어간 사람은 갠지스 강 모래알만큼 많은 부처님의 모든 법계에서 차별이 없는 모습을 다 안다. 아난이 부처님의 법을 듣고 모든 것을 다 외워 변재와 지혜가 모든 성문 가운데 가장 뛰어나더라도 아직 분별 속에 있는 것이니 한계가 있다. 그러나 일행삼매를 얻는다면 모든 경의 법문을 하나하나 다 알고 조금도 걸림이 없이 아침저녁으로 늘 말하는 지혜와 변재들이 끝이 없다. 아난이 부처님의 법을 많이 듣고 말을 잘했다는 그 내용을 여기에다 견주어보면 백 천분의 일도 미치지 못한다."라고 하였다.
2. '행이 곧다'는 것은 '직심'으로 '곧은 마음'이다. 육조 스님께서는 '곧은 마음'을 쓰라고 거듭 강조해서 말씀하고 있다. '곧은 마음'은 부처님 마음이 걸림 없이 나오는 것이다. 머리 굴려 나의 이익과 손해를 계산하지 않고 어떤 상황이 주어지면 바로 행동에 옮기는데 그 행이 부처님 행으로 드러나는 것이다.

46

선지식들이여, '일행삼매'란 오고 가며 앉고 눕는 모든 삶 속에서 늘 '곧은 마음'을 쓰는 것이다. 그러므로 『정명경』에서는 "곧은 마음이 수행터이며 부처님의 맑고 깨끗한 국토이다."라고 말한다.

아첨하고 비뚤어진 마음을 쓰면서 입으로만 법의 곧음을 말하지 마라. 입으로만 일행삼매를 이야기하면서 '곧은 마음'을 실천하지 않는다면 부처님의 제자가 아니니라. '곧은 마음'을 쓸 뿐 모든 법에 집착이 없는 것, 이를 일러 '일행삼매'라고 한다.

어리석은 사람은 법의 모양이나 일행삼매에 집착하여 "곧은 마음으로 가만히 앉아서 움직이지 않고 망념을 제거하여 마음을 일으키지 않는 것이 곧 일행삼매다."라고 한다. 이와 같다면 이 법은 아무 생각도 없는 무정물無情物과 같아 도리어 도를 가로막는 인연이 된다.

道須通流 何以却滯.
도 수 통 류 하 이 각 체

心不住在 卽通流 住卽被縛.
심 부 주 재 즉 통 류 주 즉 피 박

若坐不動 是 維摩詰 不合呵舍利弗 宴坐林中.
약 좌 부 동 시 유 마 힐 불 합 가 사 리 불 연 좌 임 중

善知識 又見有人 敎人坐 看心看淨 不動不起 從此置功.
선 지 식 우 견 유 인 교 인 좌 간 심 간 정 부 동 불 기 종 차 치 공

迷人不悟 便執成顚 卽有數百般.
미 인 불 오 변 집 성 전 즉 유 수 백 반

如此敎道者 故知大錯
여 차 교 도 자 고 지 대 착

善知識 定慧 猶如何等. 如燈光.
선 지 식 정 혜 유 여 하 등 여 등 광

有燈卽有光 無燈卽無光. 燈是光之體 光是燈之用.
유 등 즉 유 광 무 등 즉 무 광 등 시 광 지 체 광 시 등 지 용

名卽有二 體無兩般. 此定慧法 亦復如是.
명 즉 유 이 체 무 양 반 차 정 혜 법 역 부 여 시

선지식들이여, 도란 모름지기 막힘없이 흘러가야 한다. 그런데 무엇 때문에 막혀버리는가. 마음이 법에 머무르지 않는다면 도는 막힘없이 흘러가나, 법에 집착하여 머무르면 법에 묶인 것이다.

앉아서 움직이지 않는 것만이 공부라면, 숲 속에서 가만히 앉아 있음을 공부로 알던 사리불을 유마 거사가 호되게 꾸짖지 않았을 것이다.

선지식들이여, 또 어떤 사람이 사람들에게 '앉아서 마음의 깨끗함을 보되 일어나 움직이지 않는 것'을 공부로 삼고 이를 가르치는 것을 본다. 어리석은 사람은 그 내용을 몰라 말에 집착하여 잘못된 생각을 내게 되는데, 이런 사람들이 참으로 많다. 그러므로 이렇게 도를 가르치고 있는 것은 큰 잘못인 줄 알아야 한다.

선지식들이여, 선정과 지혜는 무엇과 같겠느냐? 불과 불빛의 관계와 같다. 불이 있으니 빛이 있고 불이 없으니 빛도 없다. 불은 불빛의 바탕이요, 불빛은 불의 쓰임새이다. 이름은 서로 다르지만 그 바탕은 다를게 없다. 선정과 지혜도 이와 같다.

無念

善知識
선 지 식

法無頓漸 人有利鈍. 迷卽漸契 悟人頓修.
법무돈점 인유이둔 미즉점계 오인돈수

識自本心 是見本性 悟卽元無差別 不悟卽長劫輪廻.
식자본심 시견본성 오즉원무차별 불오즉장겁윤회

善知識 我自法門 從上已來 皆立 無念爲宗 無相爲體 無住爲本.
선지식 아자법문 종상이래 개립 무념위종 무상위체 무주위본

何名無相. 無相者 於相而離相 無念者 於念而不念 無住者 爲人
하명무상 무상자 어상이이상 무념자 어념이불념 무주자 위인

本性 念念不住. 前念今念後念 念念相續 無有斷絶 若一念斷絶
본성 염념부주 전념금념후념 염념상속 무유단절 약일념단절

法身卽是離色身 念念時中 於一切法上無住. 一念若住 念念卽
법신즉시이색신 염념시중 어일체법상무주 일념약주 염념즉

住 名繫縛.
주 명계박

8장. 헛된 생각이 없는 것이 무념이다

선지식들이여, 법 자체에는 '돈頓'과 '점漸'이란 차별이 없지만 사람의 성품에는 영리하거나 우둔하다는 차별이 있다. 어리석은 사람들은 점차 도를 이루지만, 깨친 이는 단숨에 도를 닦는다. 스스로 본디 마음을 알고 본디 성품을 보고 깨달으면 원래 돈과 점이라는 어떤 차별도 없지만, 깨닫지 못하면 오랜 세월 영원토록 윤회한다.

선지식들이여, 본디 나의 법문은 예로부터 모두 '무념無念'을 으뜸으로 삼고 '무상無相'을 그 바탕으로 삼으며 '무주無住'를 근본으로 삼는다. 무엇을 '무상'이라 하는가? '무상'이란 경계를 보되 집착하는 어떤 모습도 없는 것이고, '무념'이란 생각 속에 헛된 생각이 없는 것이며, '무주'란 사람의 본디 성품에서 생각마다 어떤 경계에도 집착하지 않는 것이다. 지나간 생각, 지금 생각, 다음 생각이 생각마다 이어져 끊임없는 그 자리에서 중생의 한 생각이 끊어지면, 법신이 곧 색신의 집착에서 벗어나게 되니, 생각 생각마다 어떤 법에도 집착하지 않는다. 한 생각이 경계에 집착하여 머문다면 일으키는 생각마다 집착으로 이어지니, 이를 일러 '법에 얽매인 것'이라 한다.

於一切法上 念念不住 卽無縛也. 是以無住爲本
어 일 체 법 상 염 념 부 주 즉 무 박 야 시 이 무 주 위 본

善知識
선 지 식

外離一切相 是無相. 但能離相 性體淸淨 是以無相爲體.
외 리 일 체 상 시 무 상 단 능 리 상 성 체 청 정 시 이 무 상 위 체

於一切境上 不染 名爲無念.
어 일 체 경 상 불 염 명 위 무 념

於自念上離境 不於法上念生.
어 자 념 상 이 경 불 어 법 상 염 생

莫百物不思 念盡除却. 一念斷卽別處受生.
막 백 물 불 사 염 진 제 각 일 념 단 즉 별 처 수 생

學道者 用心.
학 도 자 용 심

若不識法意¹ 自錯尙可 更勸他人. 迷不自見 又謗經法.
약 불 식 법 의 자 착 상 가 갱 권 타 인 미 부 자 견 우 방 경 법

是以 立無念爲宗
시 이 입 무 념 위 종

卽緣迷人 於境上有念
즉 연 미 인 어 경 상 유 념

念上 便起邪見 一切塵勞妄念 從此而生.
염 상 변 기 사 견 일 체 진 로 망 념 종 차 이 생

---

1. '若不識法意'는 돈황본 '莫不息法意'를 뜻이 잘 드러난 덕이본으로 바꾼 것이다.

어떤 법에도 생각마다 집착이 없는 것, 이것이 곧 '법에 얽매이지 않는 것'이다. 이 때문에 무주로써 근본을 삼는다.

선지식들이여, 바깥 온갖 모습에 대한 집착을 떠나는 것, 이것이 '무상無相'이다. 온갖 모습에 대한 집착을 떠나야만 그 성품의 바탕이 맑고 깨끗하니, 이 때문에 '무상'으로 그 바탕을 삼는다.

어떤 경계에도 물들지 않는 것, 이를 일러 '무념'이라 한다. 자신의 생각에서 온갖 경계에 대한 집착을 떠나 어떤 법에서도 '자기 생각'이 일어나지 않는 것이다.

아무것도 생각하지 않아 모든 생각이 다 없어진다고 말하지 마라. 죽어서 한 생각이 끊어지면 지은 업으로 다른 곳에서 다른 삶을 받게 될 것이다.

도를 배우는 이들은 마음을 잘 써야 한다. 자신이 법의 참뜻을 알지 못한 잘못은 그렇다 치더라도 거듭하여 다른 사람에게 잘못된 견해를 권해서야 되겠는가? 이는 어리석어 자신의 '참 성품'을 보지 못하고 부처님의 말씀까지 비방하는 일이다. 이런 까닭에 무념無念을 으뜸으로 삼는다. 어리석은 사람은 온갖 경계에서 자기 생각을 일으키고, 그 생각에서 다시 삿된 견해를 일으키니 온갖 티끌 망념이 여기에서 생겨나기 때문이다.

然此敎門 立無念爲宗.
연차교문 입무념위종

世人 離見 不起於念 若無有念 無念亦不立.
세인 이견 불기어념 약무유념 무념역불립

無者 無何事 念者 念何物.
무자 무하사 염자 염하물

無者 離二相諸塵勞 念者 念眞如本性.
무자 이이상제진로 염자 염진여본성

眞如 是念之體 念是眞如之用.
진여 시염지체 염시진여지용

自性起念 雖卽見聞覺知 不染萬境而常自在.
자성기념 수즉견문각지 불염만경이상자재

維摩經 云 外能善分別諸法相 內於第一義[1] 而不動.
유마경 운 외능선분별제법상 내어제일의 이부동

---

1. '제일의'는 범어 'paramārtha'의 한역이다. 가장 뛰어난 이치, 궁극적인 이치이며
   근본 뜻이다. 모든 현상의 있는 그대로 참모습, 열반이라는 뜻도 있다. 이 진리는
   모든 법 가운데 제일이라는 뜻이다.

그러므로 이 가르침은 '무념無念'을 내세워 으뜸으로 삼는다. 세상 사람이 중생의 견해를 여의어서 망념을 일으키지 않고 어떤 생각도 없다면, 무념 또한 내세울 것이 아니다.

'무無'란 무엇이 없고 '염念'이란 무엇을 생각한단 말인가?

'무無'란 대상을 두 가지 모습으로 분별하며 일으키는 온갖 번뇌가 떨어진 것이요, '염念'이란 '진여의 본디 성품'에서 생각한다는 것이다. 진여가 생각의 바탕이요 생각이 진여의 쓰임새이니, 자신의 성품이 생각을 일으켜 보고 듣고 느끼고 알더라도, 온갖 경계에 물들지 않고 항상 자유자재하다.

그러므로『유마경』에서 "온갖 법의 모습을 밖으로 잘 분별한다는 것은 '제일의第一義'에서 마음이 흔들리지 않는 것이다."라고 하였다.

坐禪

善知識 此法門中 坐禪 元不著心 亦不著淨 亦不言不動.
선지식 차법문중 좌선 원불착심 역불착정 역불언부동

若言看心 心元是妄 妄如幻故 無所看也.
약언간심 심원시망 망여환고 무소간야

若言看淨 人性本淨 爲妄念故 蓋覆眞如 離妄念 本性淨.
약언간정 인성본정 위망념고 개복진여 이망념 본성정

不見自性本淨 心起看淨 却生淨妄.
불견자성본정 심기간정 각생정망

妄無處所 故知看者 却是妄也.
망무처소 고지간자 각시망야

淨無形相 却立淨相 言是功夫 作此見者 障自本性 却被淨縛.
정무형상 각입정상 언시공부 작차견자 장자본성 각피정박

9장. 무엇을 좌선이라 하는가

선지식들이여, 이 법문에서 말하는 좌선은 원래 마음에 집착하는 것
도 아니요, 깨끗함에 집착하는 것도 아니며, 몸을 움직이지 않는 것도
아니다. 만약 '마음을 본다'고 말한다면, 마음은 원래 허망한 것이니,
허망함은 허깨비와 같아 볼 것이 없다.

만약 '깨끗함을 본다'고 말한다면, 사람의 성품은 본래 깨끗한데 망념
때문에 진여가 덮여 있는 것이니, 망념만 여의면 본디 성품은 깨끗하
여 볼 것이 없다. 자신의 성품이 본래 깨끗함을 알아차리지 못하고,
마음을 일으켜 '깨끗함을 본다'는 것에서 도리어 '깨끗한 것에 집착하
는 망념'이 생긴다. 망념은 처소가 없으므로, '본다'는 것이 도리어 망
념이 된 줄 알아야 한다.

'깨끗함'은 형상이 없는 것인데 '깨끗하다는 모습'을 내세워서 이것을
공부라고 말한다면, 이런 견해를 내는 사람은 오히려 자신의 본디 성
품을 가로막아 '깨끗하다는 모습에 집착하는 번뇌'에 묶인다.

若不動者 不見一切人過患 是性不動.
약부동자 불견일체인과환 시성부동

迷人 自身不動 開口卽說人是非 與道違背.
미인 자신부동 개구즉설인시비 여도위배

看心看淨 却是障道因緣.
간심간정 각시장도인연

今記 汝 是此法門中 何名坐禪.
금기 여 시차법문중 하명좌선

此法門中
차법문중

一切無碍 外於一切境界上 念不起爲坐 內見本性不亂 爲禪.
일체무애 외어일체경계상 염불기위좌 내견본성불란 위선

何名爲禪定. 外離相曰禪 內不亂曰定.
하명위선정 외이상왈선 내불란왈정

外若有相 內性不亂 本自淨自定.
외약유상 내성불란 본자정자정

만약 어떤 사람이 다른 사람의 허물을 조금도 보지 않고 마음이 흔들리지 않는다면, 그 사람의 본디 성품 역시 움직임 없이 고요한 것이다. 어리석은 사람은 자신의 몸만 움직이지 않게 할 뿐 입만 열면 다른 사람의 옳고 그름을 말하고 있으니 부처님의 도와는 어긋난다. '마음의 깨끗함만 보려고 집착하는 것'이 도리어 도를 가로막는 인연이 된다.

이제 새겨들어야 할 것이니, 이 법문에선 무엇을 좌선이라 하는가? 이 법문에서는 조금도 걸림이 없어 바깥 어떤 경계에도 분별이 일어나지 않음을 '좌坐'라 하고, 안의 본디 성품이 어지럽지 않음을 보는 것이 '선禪'이라고 한다.

무엇을 선정이라 하는가? 바깥 모습에 대한 집착을 떠남이 '선禪'이요, 안의 마음이 어지럽지 않음을 '정定'이라 한다. 바깥에 어떤 모습이 있더라도 안의 성품이 어지럽지 않은 그 마음은, 본디 그 자체가 깨끗하고 고요하다. 경계에 집착하기 때문에 이 집착으로 마음이 혼란해지니, 바깥의 모습에 대한 집착을 떠나 어지럽지 않은 마음이 고요한 마음 곧 '정定'이다.

只緣境觸 觸卽亂 離相不亂 卽定.
지연경촉 촉즉란 이상불란 즉정

外離相卽禪 內不亂卽定 外禪內定 故名禪定.
외이상즉선 내불란즉정 외선내정 고명선정

維摩經 云 卽時豁然 還得本心.
유마경 운 즉시활연 환득본심

菩薩戒 云 本源自性淸淨.
보살계 운 본원자성청정

善知識 見自性自淨
선지식 견자성자정

自修自作 自性法身 自行佛行 自作自成佛道.
자수자작 자성법신 자행불행 자작자성불도

바깥 어떤 모습에도 집착하지 않는 마음이 '선禪'이요, 안으로 어지럽지 않은 마음이 '정定'이니, 밖의 '선禪'과 안의 '정定'을 합쳐 이를 일러 '선정'이라 한다.

『유마경』에서 "곧바로 마음이 툭 트이면 그 자리에서 본디 마음을 얻는다."라고 하고, 『보살계경』에서는 "본디 근원 자신의 성품은 맑고 깨끗하다."라고 하였다.

선지식들이여, '자신의 성품이 본디 깨끗한 것'임을 알아차려야 하니, 이 성품으로 스스로 닦아 자성법신이 되고, 저절로 부처님 삶을 실천하여 부처님 도를 이룬다.

三身

善知識 惣須自體 以受無相戒 一時 逐惠能口道.
선 지 식 총 수 자 체 이 수 무 상 계 일 시 축 혜 능 구 도

令善知識 見自三身佛.
영 선 지 식 견 자 삼 신 불

於自色身 歸依清淨法身佛
어 자 색 신 귀 의 청 정 법 신 불

於自色身 歸依千百億化身佛
어 자 색 신 귀 의 천 백 억 화 신 불

於自色身 歸依當來圓滿報身佛. (已上三唱)
어 자 색 신 귀 의 당 래 원 만 보 신 불   이 상 삼 창

色身 是舍宅 不可言歸.
색 신 시 사 택 불 가 언 귀

10장. 부처님의 세 가지 몸

선지식들이여, 모두 자신의 근본 마음에 어떤 모습에도 집착이 없이 살아가는 아름다운 삶 '무상계無相戒'를 받아 지녀야 하니, 그대들 모두 나를 따라 말하여라. 그대들로 하여금 자신의 몸 가운데 있는 세 몸으로 나타나는 부처님 '삼신불'을 보게 하리라.

> 자신의 몸 가운데 맑고 깨끗한 법으로서의 부처님
> 청정법신불께 귀의하고,
> 자신의 몸 가운데 끝도 없이 몸을 나토는 부처님
> 천백억화신불께 귀의하며,
> 자신의 몸 가운데 앞으로도 언제나
> 무엇 하나 부족함이 없는 오롯한 부처님
> 원만보신불께 귀의하옵나이다.
>
> (세 번을 반복하여 따라 한다.)

눈에 보이는 몸은 영혼이 없는 집과 같으니 이 몸을 향하여 '귀의한다'고 말해서는 안 된다.

向者三身 在自法性 世人盡有. 爲迷不見 外覓三身如來 不見自
향자삼신 재자법성 세인진유 위미불견 외멱삼신여래 불견자

色身中三性佛. 善知識 聽. 與善知識說 令善知識 於自色身 見自
색신중삼성불 선지식 청 여선지식설 영선지식 어자색신 견자

法性 有三身佛.
법성 유삼신불

此三身佛 從性上生 何名淸淨法身佛.
차삼신불 종성상생 하명청정법신불

善知識 世人 性本自淨 萬法在自性 思量一切惡事 卽行於惡 思
선지식 세인 성본자정 만법재자성 사량일체악사 즉행어악 사

量一切善事 便修於善行. 知如是一切法 盡在自性 自性常淸淨.
량일체선사 변수어선행 지여시일체법 진재자성 자성상청정

日月常明 只爲雲覆蓋 上明下暗 不能了見日月星辰 忽遇慧風吹
일월상명 지위운복개 상명하암 불능요견일월성신 홀우혜풍취

散 卷盡雲霧 萬像森羅 一時皆現.
산 권진운무 만상삼라 일시개현

64

앞에서 말한 '세 몸으로 나타나는 부처님'은 자신의 법성에 있는 것이기에 세상 사람 모두에게 있는 것인데, 어리석어 보지 못하고 밖에서 '세 몸으로 나타나는 부처님'을 찾기 때문에, 자신의 몸 가운데 '자신의 성품에 있는 세 분의 부처님'을 보지 못하는 것이다. 선지식들이여 잘 들어라. 그대들에게 설하여 그대들 몸에서 '자신의 법성에 세 몸으로 나타나는 부처님'을 보게 하리라.

이 '세 몸으로 나타나는 부처님'은 자신의 성품에서 생겨나니, 무엇을 맑고 깨끗한 법으로서의 부처님 '청정법신불'이라고 하는가?

선지식들이여, 세상 사람의 성품은 본디 맑고 깨끗한데, 온갖 법이 자신의 성품에 있으므로 나쁜 일을 생각하면 나쁜 일을 하고 좋은 일을 생각하면 좋은 일을 하게 된다. 이와 같이 온갖 법이 자신의 성품에 있는 줄 알되, 자신의 성품이 언제나 맑고 깨끗한 것임을 알아야 한다.

해와 달이 언제나 밝더라도 먹장구름이 끼면 그 위는 밝고 아래는 어두워지니 해와 달과 별이 보이지 않는다. 그러다 홀연 시원한 바람이 불어 먹장구름과 안개가 사라지면 이 세상의 온갖 모습이 한꺼번에 드러난다.

世人性淨 猶如淸天 慧如日 智如月 智慧常明 於外著境 妄念浮
세인성정 유여청천 혜여일 지여월 지혜상명 어외착경 망념부

雲 蓋覆自性 不能明. 故遇善知識 開眞法 吹却迷妄 內外明徹[1]
운 개복자성 불능명 고우선지식 개진법 취각미망 내외명철

於自性中 萬法皆見.
어자성중 만법개현

一切法 自在性 名爲淸淨法身. 自歸依者 除不善行 是名歸依.
일체법 자재성 명위청정법신 자귀의자 제불선행 시명귀의

何名爲千百億化身佛.
하명위천백억화신불

不思量 性卽空寂 思量卽是自化. 思量惡法 化爲地獄 思量善法
불사량 성즉공적 사량즉시자화 사량악법 화위지옥 사량선법

化爲天堂. 毒害化爲畜生 慈悲化爲菩薩. 智慧化爲上界 愚癡化
화위천당 독해화위축생 자비화위보살 지혜화위상계 우치화

爲下方. 自性變化甚多 迷人自不知見. 一念善 知慧卽生 此名自
위하방 자성변화심다 미인자부지견 일념선 지혜즉생 차명자

性化身.
성화신

---

1. '안팎이 오롯이 밝아'라고 번역한 내외명철內外明徹은 묘각妙覺이요 불교의 마지
막 깨달음을 묘사한 것이다. 이를『능엄경』에서는 "시방세계와 몸과 마음이 깨끗
한 유리처럼 안팎이 오롯이 밝은 것, 이를 일러 '중생의 알음알이가 다 사라진 것'이
라 하니, 부처님의 오묘한 장엄 바다에 들어간 오롯한 깨달음이다.[十方世界 及身心
如吠瑠璃 內外明徹 名識陰盡 入於如來妙莊嚴海 圓滿菩提]"라고 하였다.

66

세상 사람의 성품이 맑고 깨끗한 것이 마치 푸른 하늘 같고, 본디 갖춘 지혜는 해와 달처럼 밝은 것인데, 바깥 경계에 집착하니 떠있는 구름처럼 망념이 자성을 덮어 밝음이 드러날 수 없을 뿐이다. 그러므로 선지식을 만나 참다운 법을 열고 어리석은 망념을 없애 안팎이 오롯이 밝아야 자신의 성품 가운데 온갖 법이 다 드러난다.

온갖 법에 자유자재한 성품, 이를 일러 맑고 깨끗한 법으로서의 부처님 '청정법신불'이라 한다. 스스로 '자신의 부처님께 귀의함'이 선하지 못한 온갖 삶을 다 제거하니, 이를 일러 '참다운 귀의'라고 한다.

무엇을 끝도 없이 몸을 나토는 '천백억화신불'이라고 하는가?

사량 분별하지 않는 성품은 텅 비어 고요하나, 한 생각 일으키니 자신의 모습이 변하는 것이다. 나쁜 일을 생각하면 그 마음이 지옥이 되고 좋은 일을 생각하면 그 마음이 천당이 된다. 성내고 해치려는 마음은 사나운 짐승이요, 자비로운 마음은 보살이다. 지혜는 하늘나라를 만들고 어리석음은 삼악도를 만든다. 이처럼 자신의 성품이 변하여 만들어지는 세상이 참으로 많은데 어리석은 사람은 스스로 그 자리를 살피지 못한다. 한 생각이 선하면 지혜가 생기는 것, 이를 일러 '자신의 성품에 있는 화신불'이라 한다.

何名圓滿報身佛.
하 명 원 만 보 신 불

一燈 能除千年闇 一智能滅萬年愚. 莫思向前 常思於後 常後念
일등 능제천년암 일지능멸만년우 막사향전 상사어후 상후념

善 名爲報身. 一念惡報 却千年善止 一念善報 却千年惡滅 無始
선 명위보신 일념악보 각천년선지 일념선보 각천년악멸 무시

已來 後念善 名爲報身.
이래 후념선 명위보신

從法身[1]思量 卽是化身 念念善 卽是報身 自悟自修 卽名歸依
종법신 사량 즉시화신 염념선 즉시보신 자오자수 즉명귀의

也. 皮肉是色身 是舍宅 不在歸依也. 但悟三身 卽識大意.
야 피육시색신 시사택 부재귀의야 단오삼신 즉식대의

---

1. '법신法身'은 수행의 결과로서 얻는 '깨달음'이라는 '법의 본바탕'을 말한다. 이것이
   부처님의 성품인 '불성佛性'이다. 이 자리에서는 나와 남이라는 분별이 모두 사라
   지고 '텅 빈 부처님의 마음'만 남아 온갖 것을 아는 지혜가 생긴다.

무엇을 뭐 하나 부족함이 없는 오롯한 부처님 '원만보신불'이라고 하는가?

비유하면 하나의 등불로 천년의 어둠을 없애듯 하나의 지혜로 만년의 어리석음을 없애는 것이다. 지나간 일을 생각하지 마라. 항상 훗날을 생각하며 언제나 뒷생각이 착한 것, 이를 일러 무엇 하나 부족함이 없는 오롯한 부처님 '원만보신불'이라 한다. 한 생각 나쁜 과보는 천년의 선행을 멈추게 하고, 한 생각 좋은 과보는 천년의 악행을 없애니 무시 이래 뒷생각이 선한 것, 이를 일러 무엇 하나 부족함이 없는 오롯한 '원만보신불'이라 한다.

'법신'에서 일어나는 생각 하나하나가 '화신'이요, 생각 생각마다 착한 것이 '보신'이며, 스스로 깨닫고 저절로 닦음을 참다운 '귀의'라고 한다. 피부와 살로 이루어진 이 몸뚱아리는 영혼이 없는 집이니 귀의할 곳이 아니다. 오직 '자신의 성품에 세 몸으로 나타나는 부처님'을 깨쳐야 곧바로 부처님의 큰 뜻을 알게 된다.

四願

今旣自歸依三身佛已 與善知識 發四弘大願.
금 기 자 귀 의 삼 신 불 이 여 선 지 식 발 사 홍 대 원

善知識 一時 逐惠能道
선 지 식 일 시 축 혜 능 도

衆生無邊誓願度 煩惱無邊誓願斷
중 생 무 변 서 원 도 번 뇌 무 변 서 원 단

法門無邊誓願學 無上佛道誓願成. (三唱)
법 문 무 변 서 원 학 무 상 불 도 서 원 성 삼 창

善知識 衆生無邊誓願度 不是惠能 度善知識.
선 지 식 중 생 무 변 서 원 도 불 시 혜 능 도 선 지 식

心中衆生 各於自身 自性自度 何名自性自度.
심 중 중 생 각 어 자 신 자 성 자 도 하 명 자 성 자 도

11장. 불자가 지녀야 할 네 가지 서원

이제 세 몸으로 나타나는 부처님 '삼신불'께 스스로 귀의하였으니, 그대들이 펼칠 네 가지 큰 원력 '사홍서원'을 설명하겠다. 선지식들이여, 다함께 나를 따라 말하여라.

> 모든 중생을 남김없이 다 제도하겠습니다.
> 모든 번뇌를 남김없이 다 끊겠습니다.
> 모든 법문을 남김없이 다 배우겠습니다.
> 부처님의 도를 남김없이 다 이루겠습니다.
> (세 번을 반복하여 따라 한다.)

선지식들이여, "모든 중생을 남김없이 다 제도하겠습니다."라고 하는 이 말은, 내가 그대들을 제도한다는 뜻이 아니다.

마음속에 있는 중생을 저마다 자신의 몸에서 자신의 성품이 저절로 제도하는 것이니, 무엇을 '자신의 성품이 저절로 제도하는 것'이라고 하는가?

自色身中 邪見煩惱 愚癡迷妄 自有本覺性 將正見度.
자색신중 사견번뇌 우치미망 자유본각성 장정견도

旣悟正見 般若之智 除却愚癡迷妄.
기오정견 반야지지 제각우치미망

衆生 各各自度 邪來正度 迷來悟度 愚來智度 惡來善度 煩惱來
중생 각각자도 사래정도 미래오도 우래지도 악래선도 번뇌래

菩提度 如是度者 是名眞度.
보리도 여시도자 시명진도

煩惱無邊誓願斷 自心除虛妄.
번뇌무변서원단 자심제허망

法門無邊誓願學 學無上正法.
법문무변서원학 학무상정법

無上佛道誓願成 常下心行 恭敬一切 遠離迷執 覺知生般若 除
무상불도서원성 상하심행 공경일체 원리미집 각지생반야 제

却迷妄.
각미망

卽自悟佛道成 行誓願力.
즉자오불도성 행서원력

자신의 몸 가운데 있는 삿된 견해, 온갖 번뇌, 어리석음, 미혹, 망념 등에 본디 '본각의 성품'이 있음을 깨달아 정견을 이루면 삿된 견해 등이 저절로 사라져 제도 된다. 정견을 이루었기에 반야지혜로 어리석음, 미혹, 망념을 없앨 수 있는 것이다.

중생은 저마다 스스로 제도해야 할 것이니, 삿된 것이 오면 바른 것으로 제도하고, 미혹이 오면 깨달음으로 제도하며, 어리석음이 오면 지혜로 제도하고, 악행이 오면 선행으로 제도하며, 번뇌가 오면 보리로 제도하니, 이와 같이 제도하는 것 이를 일러 '참다운 제도'라고 한다.

"모든 번뇌를 남김없이 다 끊겠습니다."라고 하는 이 말은, 자신의 마음에 있는 헛되고 거짓된 생각을 없앤다는 것이다.

"모든 법문을 남김없이 다 배우겠습니다."라고 하는 이 말은 '위없는 올바른 법 무상정법無上正法'을 배운다는 것이다.

또 "부처님의 도를 남김없이 다 이루겠습니다."라고 하는 이 말은, 언제나 마음을 낮추고 모든 중생을 공경하며 어리석은 집착을 떠나 깨달은 반야지혜로 망념을 없앤다는 뜻이다.

이는 곧 스스로 깨쳐 부처님의 도를 이루는 것이니, 이로써 부처님께 맹세한 원력을 실천하는 것이다.

懺悔

今旣發四弘誓願訖 與善知識 無相懺悔 滅三世罪障.
금기발사홍서원흘 여선지식 무상참회 멸삼세죄장

大師言
대사언

善知識 前念後念及今念
선지식 전념후념급금념

念念不被愚迷染
염념불피우미염

從前惡行 一時永斷 自性若除 卽是懺悔.
종전악행 일시영단 자성약제 즉시참회

前念後念及今念
전념후념급금념

念念不被愚癡染
염념불피우치염

除却從前矯誑心 永斷名爲自性懺.
제각종전교광심 영단명위자성참

12장. 참회란 무엇을 말하는가

선지식들이여, 이제 네 가지 서원 '사홍서원'을 마쳤으니 그대들에게
자신이 지은 허물에서 벗어나게 해주는 '무상참회'를 설해 삼세의 죄
업을 없애리라.

육조 스님께서 말씀하셨다.

> 선지식들이여,
> 지나간 생각, 지금 생각, 다음 생각이
> 생각 생각마다 어리석음에 물들지 않고
> 지금까지 저질러 온 나쁜 행동을
> 한꺼번에 영원토록 끊어 버려
> 자신의 성품에서 없애버린다면 곧 이것이 '진정한 참회'니라.
>
> 지나간 생각, 지금 생각, 다음 생각이
> 생각 생각마다 어리석음에 물들지 않고
> 지난날의 거짓과 속이는 마음을 없애
> 영원토록 끊는 것 이를 일러 '자성참회'라고 하느니라.

前念後念及今念 念念不被嫉妬[1]染
전념후념급금념 염념불피질투 염

除却從前嫉妬[2]心 自性若除 卽是懺. (已上三唱)
제각종전질투 심 자성약제 즉시참 이상삼창

善知識 何名懺悔.
선지식 하명참회

懺者 終身不作 悔者 知於前非.
참자 종신부작 회자 지어전비

惡業 恒不離心 諸佛前口說 無益.
악업 항불리심 제불전구설 무익

我此法門中 永斷不作 名爲懺悔.
아차법문중 영단부작 명위참회

---

1. 장경각 돈황본에 있는 '疽妬'를 오자로 보아 덕이본에 있는 '嫉妬'로 바꾸었다.
2. 장경각 돈황본에 있는 '疾妬'를 덕이본에 있는 '嫉妬'로 바꾸었다.

지나간 생각, 지금 생각, 다음 생각이
생각 생각마다 질투에 물들지 않고
지금까지 질투하던 모든 마음을 제거하여
자신의 성품에서 없앤다면 곧 이것이 진정한 참회니라.

(이상 세 번을 소리 높여 반복한다.)

선지식들이여, 무엇을 '진정한 참회懺悔'라고 하는가?

'참懺'이란 죽는 날까지 잘못을 저지르지 않는 것이요, '회悔'란 지난날의 잘못을 아는 것이다.

나쁜 마음을 조금도 버리지 않은 채 부처님 앞에서 참회를 말하는 것은 자신한테 조금도 이익이 없다. 나의 법문에서는 나쁜 마음을 영원히 끊고 다시는 나쁜 마음을 내지 않는 것, 이를 일러 '진정한 참회'라고 한다.

三歸

今旣懺悔已 與善知識 授無相三歸依戒.
금 기 참 회 이 여 선 지 식 수 무 상 삼 귀 의 계

大師言
대 사 언

善知識
선 지 식

歸依覺兩足尊 歸依正離欲尊 歸依淨衆中尊
귀 의 각 양 족 존 귀 의 정 이 욕 존 귀 의 정 중 중 존

從今已後 稱佛爲師 更不歸依 餘邪迷外道
종 금 이 후 칭 불 위 사 갱 불 귀 의 여 사 미 외 도

願自性三寶 慈悲證明.
원 자 성 삼 보 자 비 증 명

善知識 惠能 勸善知識 歸依自性三寶.
선 지 식 혜 능 권 선 지 식 귀 의 자 성 삼 보

佛者 覺也 法者 正也 僧者 淨也.
불 자 각 야 법 자 정 야 승 자 정 야

78

13장. 자신의 성품에 있는 삼보에 귀의해야

선지식들이여, 지금 '진정한 참회'를 설명했으니 그대들에게 자신의 성품에 있는 삼보에 귀의하는 '무상삼귀의계'를 주리라.

선지식들이여,
깨달음으로써 복덕과 지혜를 다 갖추신 부처님께 귀의하고,
바른 가르침으로써 세상의 욕망을 벗어난 부처님께 귀의하며,
맑고 깨끗한 삶으로써 모든 중생 가운데 가장 존귀하신 부처님께 귀의하라.

오늘부터 부처님을 스승으로 삼아 다시는 삿되고 어리석은 외도에게 귀의하지 않으리니, 바라옵건대 자신의 성품에 있는 불법승佛法僧 삼보께서는 자비로써 증명하여 주시옵소서.

선지식들이여, 나는 그대들에게 권하노니 '자신의 성품에 있는 삼보'에 귀의하라. '불佛'이란 깨달음이요, '법法'이란 부처님의 바른 가르침이며, '승僧'이란 맑고 깨끗한 삶을 사시는 부처님이다.

自心 歸依覺
자심 귀의각

邪迷不生 少欲知足 離財離色 名兩足尊
사미불생 소욕지족 이재이색 명양족존

自心 歸正
자심 귀정

念念無邪故 卽無愛著 以無愛著 名離欲尊
염념무사고 즉무애착 이무애착 명이욕존

自心 歸淨
자심 귀정

一切塵勞妄念 雖在自性 自性不染著 名衆中尊
일체진로망념 수재자성 자성불염착 명중중존

凡夫不解 從日至日 受三歸依戒. 若言歸佛 佛在何處.
범부불해 종일지일 수삼귀의계 약언귀불 불재하처

若不見佛 卽無所歸 旣無所歸 言却是妄.
약불견불 즉무소귀 기무소귀 언각시망

善知識 各自觀察 莫錯用意.
선지식 각자관찰 막착용의

經中 只卽言自歸依佛 不言歸他佛. 自性不歸 無所歸處.
경중 지즉언자귀의불 불언귀타불 자성불귀 무소귀처

자신의 마음이 '깨달음'에 귀의하니 삿된 번뇌가 생겨나지 않고, 욕심이 없어 모든 것에 만족하므로 재물과 이성의 유혹에서 벗어날 수 있는 것, 이를 일러 '복덕과 지혜를 다 갖추신 부처님'이라고 한다.

자신의 마음이 '바른 가르침'에 귀의하니 생각 생각마다 삿된 견해가 없으므로 탐욕과 집착이 없는 것, 이를 일러 '세상의 욕망을 벗어난 부처님'이라고 한다.

자신의 마음이 '맑고 깨끗한 삶'에 귀의하니, 온갖 번뇌와 망념이 자신의 성품에 있더라도 자신의 성품이 여기에 조금도 물들지 않는 것, 이를 일러 '모든 중생 가운데 가장 존귀하신 부처님'이라고 한다.

보통 사람들은 이 뜻을 알지 못하고 날이면 날마다 형식적인 삼귀의계를 받는다. '부처님께 귀의한다' 말하지만 부처님이 어느 곳에 계시는가? 만약 부처님을 보지 못한다면 귀의할 곳이 없고, 귀의할 곳이 없다면 '부처님께 귀의한다'는 말은 도리어 허망한 것이 된다.

선지식들이여, 저마다 스스로 마음을 살펴 그 마음을 잘못 쓰지 말지어다. 경에서 다만 "스스로 '자신의 성품에 있는 부처님'께 귀의한다."라고 말했을 뿐, "다른 부처님께 귀의한다."라고 말하지는 않았다. '자신의 성품에 있는 부처님'께 귀의하지 않는다면 달리 귀의할 곳이 없다.

性空

今旣自歸依三寶 惣各各至心 與善知識 說摩訶般若波羅蜜法.
금 기 자 귀 의 삼 보   총 각 각 지 심   여 선 지 식   설 마 하 반 야 바 라 밀 법

善知識 雖念 不解 惠能與說 各各聽.
선 지 식 수 념 불 해 혜 능 여 설 각 각 청

摩訶般若波羅蜜者 西國梵語 唐言大智慧彼岸到.
마 하 반 야 바 라 밀 자 서 국 범 어 당 언 대 지 혜 피 안 도

此法 須行 不在口念.
차 법 수 행 부 재 구 념

口念不行 如幻如化 修行者法身 與佛 等也.
구 념 불 행 여 환 여 화 수 행 자 법 신 여 불 등 야

何名摩訶.
하 명 마 하

摩訶者 是大 心量廣大 猶如虛空. 莫空心坐 卽落無記空[1]
마 하 자 시 대 심 량 광 대 유 여 허 공   막 공 심 좌 즉 락 무 기 공

---

1. '기記'는 선인지 악인지를 판단하여 기록한다는 의미가 있다. 그러므로 '무기無記'
란 선으로 단정할 수도 없고 또한 악이라고 단정할 수도 없어 선도 악도 아닌 성품을
말한다. 이 텅 빈 성품에만 집착하여 깜깜한 곳에서 더 이상 공부하지 않고 안주함으
로써 부처님의 지혜가 드러나지 않으니 이를 '무기공'에 떨어졌다고 한다.

82

14장. 사람들의 성품은 텅 빈 충만

지금 이미 스스로 성스런 삼보에 귀의하여 모두 각자 지극한 마음이니, 그대들에게 '큰 지혜로 부처님의 마음을 깨치는 법' '마하반야바라밀법'을 설하리라. 선지식들이여, 이는 생각하더라도 미처 이해하지 못하는 것이므로 내가 그 뜻을 설하리니 저마다 잘 들어라.

'마하반야바라밀'은 서쪽 나라 말인 범어로, '큰 지혜로 부처님의 세상에 다다른다'는 뜻이다. 이 마하반야바라밀법은 반드시 행해야 할 일이지 입으로만 외울 일은 아니다. 입으로만 외우고 실천하지 않는다면 허깨비나 꼭두각시처럼 허망한 것이지만, 이 법을 수행하는 사람의 법신은 부처님과 같다.

무엇을 '마하'라고 하는가?

'마하'란 크다는 뜻이니, 마음은 허공처럼 크고 넓은 것이다. 그렇다고 '아무것도 없다'는 마음으로 앉아서 '무기공'에 떨어지지 마라.

虛空能含日月星辰 大地山河 一切草木 惡人善人 惡法善法 天
허공능함일월성신 대지산하 일체초목 악인선인 악법선법 천

堂地獄 盡在空中. 世人性空 亦復如是.
당지옥 진재공중 세인성공 역부여시

性含萬法 是大 萬法 盡是自性.
성함만법 시대 만법 진시자성

見一切人及非人 惡之與善 惡法善法 盡皆不捨 不可染著 猶如
견일체인급비인 악지여선 악법선법 진개불사 불가염착 유여

虛空 名之爲大 此是摩訶行.
허공 명지위대 차시마하행

迷人口念 智者心行.
미인구념 지자심행

又有迷人 空心不思 名之爲大 此亦不是.
우유미인 공심불사 명지위대 차역불시

心量廣大 不行是小. 莫口空說 不修此行 非我弟子.
심량광대 불행시소 막구공설 불수차행 비아제자

허공은 해와 달과 별, 뫼와 가람과 땅, 온갖 풀과 나무, 나쁜 사람과 착한 사람, 나쁜 법과 좋은 법, 천당과 지옥을 모두 받아들이니, 이 모든 것이 허공 가운데에 있다. 온 누리에 있는 사람의 성품이 '텅 빈 충만'인 것도 이와 같다.

그 성품에 온갖 법을 다 품을 수 있어 '크다'는 것이니, 온갖 법은 모든 사람의 성품 가운데 있기 때문이다.

사람과 사람 아닌 모든 것, 선과 악, 나쁜 법과 좋은 법을 보고 그 모두를 버리지 않으면서도 오염되지 않는 마음은 허공 같기에, 이를 일러 '마음이 크다'라고 하니, 이것이 '마하행'이다.

어리석은 사람은 입으로만 말하지만 슬기로운 이는 마음으로 실천한다. 또 어리석은 사람은 마음을 비우고 조용히 앉아서 아무런 생각도 하지 않음을 '크다'라고 하나 이것 또한 옳지 않다. 마음이 크고 넓더라도 이 마음을 실천하지 않으면 작은 것이니, 입으로 빈말만 되풀이 하지 마라. 내 밑에서 '크고 넓은 마음을 실천하는 삶'을 살지 않는다면 나의 제자가 아니기 때문이다.

般若

何名般若.
하 명 반 야

般若是智慧. 一切時中 念念不愚 常行智慧 卽名般若行. 一念愚
반야시지혜 일체시중 염념불우 상행지혜 즉명반야행 일념우

卽般若絶 一念智卽般若生. 心中常愚 自言我修般若 無形相 智
즉반야절 일념지즉반야생 심중상우 자언아수반야 무형상 지

慧性卽是.
혜성즉시

何名波羅蜜. 此是西國梵音 言彼岸到 解義 離生滅.
하 명 바 라 밀 차 시 서 국 범 음 언 피 안 도 해 의 이 생 멸

著境生滅起 如水有波浪 卽是於此岸. 離境無生滅 如水承長流
착경생멸기 여수유파랑 즉시어차안 이경무생멸 여수승장류

故卽名到彼岸 故名波羅蜜.
고 즉 명 도 피 안 고 명 바 라 밀

15장. 지혜로운 삶이 곧 반야

무엇을 '반야'라고 하는가?

반야는 '지혜'이다. 언제 어느 때나 생각 생각마다 어리석지 않고 늘 지혜로운 삶을 살아가는 것, 이를 일러 '반야행'이라고 한다. 한 생각이 어리석어 반야가 끊어지고, 한 생각이 지혜로워 반야가 생겨난다. 늘 어리석은 마음으로 스스로 말하기를 "나는 반야를 닦는다."라고 하지만, 반야는 형상이 없는 것이니 지혜의 성품도 그러하다.

무엇을 '바라밀'이라고 하는가? 이 말은 범어로써 부처님의 삶을 이룬다는 '피안도'라고 한역하며 '생멸을 여의었다'라고 풀이한다. 경계에 집착하면 생멸이 일어나 잔잔한 물에 거친 물결이 이는 것과 같으니 곧 이것이 '중생의 삶'이다. 경계를 여의면 생멸이 없고 잔잔한 물의 흐름이 끊임없이 이어지는 것과 같으니, 곧 이를 '부처님의 삶'이라고 한다. 그러므로 '바라밀'이라고 하는 것이다.

迷人口念 智者心行. 當念時 有妄 有妄卽非眞有.
미 인 구 념 지 자 심 행. 당 념 시 유 망 유 망 즉 비 진 유

念念若行 是名眞有.
염 념 약 행 시 명 진 유

悟此法者 悟般若法 修般若行.
오 차 법 자 오 반 야 법 수 반 야 행

不修卽凡 一念修行 法身 等佛.
불 수 즉 범 일 념 수 행 법 신 등 불

善知識 卽煩惱是菩提 捉前念 迷卽凡 後念 悟卽佛.
선 지 식 즉 번 뇌 시 보 리 착 전 념 미 즉 범 후 념 오 즉 불

善知識 摩訶般若波羅蜜 最尊最上第一無住無去無來.
선 지 식 마 하 반 야 바 라 밀 최 존 최 상 제 일 무 주 무 거 무 래

三世諸佛 從中出
삼 세 제 불 종 중 출

將大智慧到彼岸 打破五陰煩惱塵勞 最尊最上第一.
장 대 지 혜 도 피 안 타 파 오 음 번 뇌 진 로 최 존 최 상 제 일

讚最上 最上乘法 修行 定成佛.
찬 최 상 최 상 승 법 수 행 정 성 불

어리석은 사람은 입으로만 외우지만 지혜로운 사람은 이 법을 마음으로 행한다. 한 생각이 일어날 때 망념이 있어, 이 망념 가운데 있음은 진실로 있는 것이 아니다. 생각 생각마다 이 법을 마음으로 행한다면 이를 '진실로 있음'이라고 한다.

이 법을 깨닫는 사람이 '반야의 법'을 깨닫고 '반야의 행'을 닦는다. 이 행을 닦지 않는다면 범부지만 한 생각에 닦아 행한다면 그 사람의 법신은 부처님과 같다.

선지식들이여, 번뇌 자체가 깨달음이니 지난 생각에 어리석어 집착하면 범부지만 다음 생각에 깨달으면 부처님이다.

선지식들이여, '마하반야바라밀'은 가장 높고 으뜸가는 법이니 어떤 경계에 머무르거나 오고감이 없다. 과거 현재 미래 모든 부처님이 이 가운데서 나와 큰 지혜로 '부처님의 세상'에 들어갔으니, 몸과 마음의 온갖 번뇌를 없애는 가장 높고 으뜸가는 법이다. 가장 으뜸가는 최상 승법을 찬탄하고 또 그 가르침대로 수행하면 반드시 성불한다.

無去無住無來往 是定慧等 不染一切法. 三世諸佛 從中變三毒
무거무주무내왕 시정혜등 불염일체법 삼세제불 종중변삼독

爲戒定慧.
위계정혜

善知識 我此法門 從八萬四千¹智慧.
선지식 아차법문 종팔만사천 지혜

何以故 爲世有八萬四千塵勞. 若無塵勞 般若常在 不離自性.
하이고 위세유팔만사천진노 약무진노 반야상재 불리자성

悟此法者 卽是無念 無憶無著. 莫起誑妄 卽自是眞如性. 用智慧
오차법자 즉시무념 무억무착 막기광망 즉자시진여성 용지혜

觀照 於一切法 不取不捨 卽見性成佛道.
관조 어일체법 불취불사 즉견성성불도

---

1. 팔만사천은 '그 수가 많다'라는 뜻이다. 흔히 쓰는 팔만사천 법문이라는 말도 법문
   의 수가 무척 많다는 뜻이다.

어떤 경계에 머물거나 오고감이 없기에, 선정과 지혜가 평등하여 온갖 법에 물들지 않는다. 과거 현재 미래 모든 부처님도 이 '마하반야바라밀법'에서 욕심, 성냄, 어리석음을 선정과 지혜로 바꾸어 아름다운 삶을 사셨다.

선지식들이여, 나의 이 법문은 팔만사천 지혜에서 나온다. 왜냐하면 세상 사람에게 팔만사천 번뇌가 있기 때문이다. 만약 티끌 번뇌가 없다면 부처님의 지혜는 늘 드러나서 자신의 성품을 여의지 않는다.

이 법을 깨달은 사람은 허망한 생각이 없고 고정관념이 없으며 집착하는 마음이 없다. 거짓과 속이는 마음을 일으키지 않으니, 곧 그 자체가 진여의 성품이다. 부처님의 지혜로 살펴 온갖 법에서 취하지도 버리지도 않는 것이 곧 '참 성품'을 보고 부처님의 도를 이루는 것이다.

根機

善知識 若欲入甚深法界 入般若三昧[1]者 直修般若波羅蜜行.
선지식 약욕입심심법계 입반야삼매 자 직수반야바라밀행

但持金剛般若波羅蜜經一卷 卽得見性 入般若三昧. 當知此人功
단지금강반야바라밀경일권 즉득견성 입반야삼매 당지차인공

德無量. 經中分明讚嘆 不能具說.
덕무량 경중분명찬탄 불능구설

此是最上乘法 爲大智上根人說 小根智人 若聞此法 心不生信 何
차시최상승법 위대지상근인설 소근지인 약문차법 심불생신 하

以故. 譬如大龍 若下大雨 雨於閻浮提[2] 如漂草葉 若下大雨 雨
이고 비여대룡 약하대우 우어염부제 여표초엽 약하대우 우

於大海 不增不減.
어대해 부증불감

若大乘者 聞說金剛經 心開悟解.
약대승자 문설금강경 심개오해

故知 本性自有般若之智 自用智慧觀照 不假文字.
고지 본성자유반야지지 자용지혜관조 불가문자

---

1. 범어 'Samadhi'를 삼매라고 한다. 삿되고 어지러운 생각을 떠났기에 마음이 흐트러
   지지 않고 모든 것을 관조할 수 있는 집중된 상태를 말한다. 지혜는 있으나 마음이
   산란하다면 이를 삼매라고 하지 않는다.
2. 염부제는 사바세계이니 곧 이 세상을 말한다.

16장. 사람들의 근기가 다르므로

선지식들이여, '깊고 깊은 법계'와 '반야삼매'에 들려는 사람은 바로 '반야바라밀행'을 닦아야 한다. 오직 『금강반야바라밀경』한 권만 지녀 '참 성품'을 보고 '반야삼매'에 들 뿐인데도, 이 사람의 공덕은 헤아릴 수 없이 많음을 알아야 한다. 경에서는 분명히 이 공덕을 찬탄하고 있지만 너무 많으므로 말로 다 설명할 수는 없다.

이것이 가장 뛰어난 최상승법이니 '큰 지혜를 갖춘 뛰어난 사람'을 위하여 말하는 것이다. 지혜롭지 못한 사람은 이 법문을 들어도 믿지 못하니 무엇 때문인가? 용왕이 세상에 큰비를 내리면 작은 풀과 나뭇잎은 큰물에 휩쓸리고 말지만, 그 비가 큰 바다에 내린다면 바닷물은 늘지도 않고 줄지도 않으니 이 이치와 같기 때문이다.

대승을 닦는 사람이라면 『금강경』을 듣고 곧 마음이 열려 깨닫게 된다. 이로써 알 수 있는 것은 본디 성품 자체에 반야의 지혜가 있어, 저절로 쓰이는 그 지혜로 늘 근본을 살피기에, 문자의 힘을 빌릴 필요가 없다는 것이다.

譬如其雨水 不從天有 元是龍王 於江海中 將身引此水 令一切
비여기우수 부종천유 원시용왕 어강해중 장신인차수 영일체

衆生 一切草木 一切有情無情 悉皆蒙潤. 諸水衆流 却入大海 海
중생 일체초목 일체유정무정 실개몽윤 제수중류 각입대해 해

納衆水 合爲一體 衆生本性 般若之智 亦復如是.
납중수 합위일체 중생본성 반야지지 역부여시

小根之人 聞說此頓敎 猶如大地草木. 根性自小者 若被大雨一
소근지인 문설차돈교 유여대지초목 근성자소자 약피대우일

沃 悉皆自倒 不能增長 小根之人 亦復如是.
옥 실개자도 불능증장 소근지인 역부여시

有般若之智 與大智之人 亦無差別 因何聞法卽不悟.
유반야지지 여대지지인 역무차별 인하문법즉불오

緣邪見障重 煩惱根深. 猶如大雲 蓋覆於日 不得風吹 日無能現.
연사견장중 번뇌근심 유여대운 개복어일 부득풍취 일무능현

般若之智 亦無大小 爲一切衆生 自有迷心 外修覓佛 未悟自性
반야지지 역무대소 위일체중생 자유미심 외수멱불 미오자성

卽是小根人. 聞其頓敎 不信 外修.
즉시소근인 문기돈교 불신 외수

비유컨대 그 빗물이 하늘에 있던 것이 아니라, 용왕이 원래 있던 강과 바다의 물을 끌어와 온갖 중생, 나무와 풀, 유정과 무정들을 흠뻑 젖게 하는 것과 같다. 그 빗물이 수많은 시냇물이 되어 큰 바다로 들어가 모두 한 맛의 바닷물이 되듯, 중생의 본디 성품 반야지혜도 이와 같다.

근기가 낮은 사람이 '단숨에 깨닫는 가르침 돈교頓敎'를 듣는 것은 약한 나무나 여린 풀이 큰비를 만나는 것과 같다. 뿌리가 약한 나무나 여린 풀이 큰비를 맞으면 모두 다 거꾸러져 더 자랄 수 없듯 근기가 낮은 사람도 돈교를 감당할 수가 없다.

반야지혜를 갖추고 있다는 점에서는 크게 지혜로운 사람과 차별이 없는데, 무슨 까닭으로 법을 듣고도 깨닫지 못하는가?

삿된 견해가 심하여 번뇌의 뿌리가 깊기 때문이다. 마치 큰 구름이 해를 가리니 바람이 불지 않으면 햇살이 드러날 수 없는 것과 같다.

반야지혜도 크고 작음이 없는데 모든 중생이 어리석어 밖에서 부처님을 찾기 때문에, 아직 자신의 성품을 깨닫지 못하고 있으니 곧 근기가 낮은 사람이다. 이들은 돈교의 가르침을 듣고도 믿지 않으며 다른 데서 찾으려고 한다.

但於自心 令自本性 常起正見 煩惱塵勞衆生 當時盡悟
단어자심 영자본성 상기정견 번뇌진노중생 당시진오

猶如大海 納於衆流 小水大水 合爲一體.
유여대해 납어중류 소수대수 합위일체

卽是見性 內外不住 來去自由.
즉시견성 내외부주 내거자유

能除執心 通達無碍 心修此行 卽與般若波羅蜜經¹ 本無差別.
능제집심 통달무애 심수차행 즉여반야바라밀경 본무차별

---

1. '금강반야바라밀경'을 줄여서 말한 것이다. 곧 금강경을 뜻한다.

단지 자신의 마음자리에 원래 갖추어진 성품에서 항상 바른 견해를 낼 수 있다면 티끌 번뇌 중생이 당장 모두 깨닫게 되니, 이는 수많은 시냇물이 큰 바다로 들어가 모두 한 맛의 바닷물이 되는 것과 같다.

이는 곧 '참 성품'을 본 것이니 안팎에 머물지 않고 오고감이 자유롭다. 경계에 집착하는 마음이 없어 사방이 뚫리고 걸림이 없으니 이 행을 닦을 수만 있다면 그 사람 자체가 『반야바라밀경』과 같아 본디 차별이 없다.

見性

一切經書及文字 小大二乘 十二部經 皆因人置 因智慧性故 故
일체경서급문자 소대이승 십이부경 개인인치 인지혜성고 고

能建立.
능건립

我若無 智人 一切萬法 本無. 不有故 知萬法 本因人興 一切經書
아약무 지인 일체만법 본무 불유고 지만법 본인인흥 일체경서

因人說有.
인인설유

緣在人中 有愚有智 愚爲小人¹ 智爲大人.
연재인중 유우유지 우위소인 지위대인

迷人 問於智者 智人 與愚人說法 令使愚者 悟解心開.
미인 문어지자 지인 여우인설법 영사우자 오해심개

迷人 若悟心開 與大智人無別.
미인 약오심개 여대지인무별

---

1. 장경각 돈황본 '故'자를 오자로 보아 다른 본을 참조하여 '人'자로 바꾸었다.

17장. '참 성품'을 보다

선지식들이여,

수많은 경전과 대승과 소승의 가르침이 만들어지고 설해진 것은 사람마다 근기가 다르기 때문이며 지혜의 성품을 깨닫는 데도 차별이 있기 때문이다.

'나'라는 것이 없는 줄 안다면 지혜로운 사람이나 본디 온갖 법도 없는 것이다. 본래 존재했던 것이 아니므로, 온갖 법을 안다는 것은 원래 사람들을 깨우쳐 주기 위해 일어난 것이고 수많은 경서들도 사람들의 근기가 달라 설해지게 된 것이다.

사람에게 어리석음도 있고 지혜로움도 있으므로, 어리석은 이는 보잘 것 없는 사람이 되고 슬기로운 이는 큰 사람이 된다. 어리석은 사람은 슬기로운 이에게 묻고, 슬기로운 이는 어리석은 사람에게 법을 말하여 어리석은 사람이 깨닫고 마음을 열게 한다. 어리석은 사람이 깨닫고 마음을 열면 슬기로운 사람과 크게 다를 것이 없다.

故知 不悟 卽佛是衆生 一念若悟 卽衆生是佛.
고 지 불 오 즉 불 시 중 생 일 념 약 오 즉 중 생 시 불

故知 一切萬法 盡在自身心中. 何不從於自心 頓現眞如本性.
고 지 일 체 만 법 진 재 자 신 심 중 하 부 종 어 자 심 돈 현 진 여 본 성

菩薩戒經[1] 云 我本源自性淸淨 識心見性 自成佛道.
보 살 계 경 운 아 본 원 자 성 청 정 식 심 견 성 자 성 불 도

卽時豁然 還得本心.[2]
즉 시 활 연 환 득 본 심

---

1. 대승보살의 수행방법과 방편을 상세히 서술하고 있는 경전이다. 『보살지지론』 『지지론』 『보살지지경』이라고도 한다. 티베트본에는 무착이 지었다고 되어 있으나 한역본에는 미륵의 저술이라고 적혀 있다.
2. 9장에서도 인용되었던 구절로 『정명경』은 『유마경』을 달리 부르는 말이다. 『유마경』은 『유마힐소설경』의 약칭인데 3권이며 진나라 구마라집의 번역이다. 이 경을 중국에서 번역한 것이 여섯 본이 있는데 현존하는 것은 구마라집 번역본과 오나라 지겸支謙 번역본, 당나라 현장 번역본이다.

그러므로 깨닫지 못하면 부처님이 중생이나, 한 생각 깨달으면 중생이 부처님인 줄 알아야 한다. 또한 온갖 법이 모두 자신의 마음속에 있음을 알아야 한다. 그런데 어찌 자신의 마음에서 진여의 본디 성품을 단숨에 드러내지 못하는가?

『보살계경』에서 "나의 맑고 깨끗한 본원자성이 마음의 실체를 알고 '참 성품'을 보면 저절로 부처님의 도를 이룬다." 하고, 『정명경』에서도 "곧바로 마음이 툭 트이면 그 자리에서 본디 마음을 얻는다."라고 하였다.

頓悟

善知識 我於忍和尙處 一聞 言下 大悟 頓見眞如本性. 是故將此
선지식 아어인화상처 일문 언하 대오 돈견진여본성 시고장차

敎法 流行後代 令學道者 頓悟菩提. 各自觀心 令自本性頓悟. 若
교법 유행후대 영학도자 돈오보리 각자관심 영자본성돈오 약

不能自悟者 須覓大善知識示導 見性.
불능자오자 수멱대선지식시도 견성

何名大善知識. 解最上乘法 直示正路 是大善知識 是大因緣.[1]
하명대선지식 해최상승법 직시정로 시대선지식 시대인연

所謂 化導令得見佛 一切善法 皆因大善知識 能發起. 故三世諸
소위 화도영득견불 일체선법 개인대선지식 능발기 고삼세제

佛 十二部經 云 在人性中 本自具有. 不能自性悟 須得善知識示
불 십이부경 운 재인성중 본자구유 불능자성오 수득선지식시

導 見性. 若自悟者 不假外善知識. 若取外求善知識 望得解脫 無
도 견성 약자오자 불가외선지식 약취외구선지식 망득해탈 무

有是處. 識自心內善知識 卽得解脫.
유시처 식자심내선지식 즉득해탈

---

1. 부처님께서 세상에 출현하여 법을 설하여 중생을 제도하는 것은 일대사인연을
따른 것이다. 일대사인연을 한마디로 표현하면 모든 중생이 깨달음을 얻게 하는
일이다. 『법화경』에서는 '불지견佛知見'으로 인연을 삼고, 『열반경』에서는 '불성
佛性'으로 인연을 삼으며, 『유마경』에서는 '부사의不思議'로 인연을 삼았다.

18장. 단숨에 깨치는 돈오

선지식들이여, 나는 홍인 스님이 계신 곳에서 한 번 듣고 바로 깨달아 몰록 진여의 본디 성품을 보았다. 이 때문에 이 가르침을 널리 펴 뒷날 '도'를 배우는 사람들이 단숨에 깨닫게 하고자 한다. 저마다 마음을 살펴 자신의 본디 성품으로 단숨에 깨닫는 것이다. 스스로 깨칠 수 없는 사람이라면 모름지기 큰 선지식을 찾아 가르침을 받고 '참 성품'을 보아야만 한다.

어떤 분을 '큰 선지식'이라 하는가? 최상승법을 알고 곧바로 바른 길을 보여주는 분이 '큰 선지식'이요, 이 인연이 '일대사인연'이다. 이른바 중생을 이끌어 부처님을 보게 하는 것이니, 온갖 좋은 법은 모두 큰 선지식으로 인해 드러날 수 있기 때문이다. 그러므로 과거 현재 미래의 모든 부처님과 온갖 경전에서는 "이 선지식이 사람의 성품 가운데 본디 저절로 갖추어져 있다."라고 말한다. 이를 스스로 깨닫지 못하는 사람은 반드시 선지식의 가르침을 구해야 '참 성품'을 본다. 스스로 깨달을 수 있는 사람은 선지식의 도움이 필요 없으니, 바깥에서 선지식을 만나야 해탈할 수 있다고 집착하면 옳지 않다. 자신의 내면에 있는 선지식을 알아야 해탈할 수 있기 때문이다.

若自心邪迷 妄念顚倒 外善知識 卽有敎授 不得自悟. 當起般若
약자심사미 망념전도 외선지식 즉유교수 부득자오 당기반야

觀照 刹那間 妄念俱滅 卽是自眞正善知識 一悟 卽知佛也. 自性
관조 찰나간 망념구멸 즉시자진정선지식 일오 즉지불야 자성

心地 以智慧觀照 內外明徹 識自本心. 若識本心 卽是解脫 旣得
심지 이지혜관조 내외명철 식자본심 약식본심 즉시해탈 기득

解脫 卽是般若三昧 悟般若三昧卽是無念.
해탈 즉시반야삼매 오반야삼매즉시무념

何名無念. 無念法者 見一切法 不著一切法 遍一切處 不著一切
하명무념 무념법자 견일체법 불착일체법 변일체처 불착일체

處. 常淨自性 使六賊[1] 從六門[2] 走出 於六塵中 不離不染 來去
처 상정자성 사육적 종육문 주출 어육진중 불리불염 내거

自由 卽是般若三昧 自在解脫 名無念行.
자유 즉시반야삼매 자재해탈 명무념행

莫[3]百物不思 常令念絶 卽是法縛 卽名邊見. 悟無念法者 萬法
막 백물불사 상령염절 즉시법박 즉명변견 오무념법자 만법

盡通 悟無念法者 見諸佛境界 悟無念頓法者 至佛地位.
진통 오무념법자 견제불경계 오무념돈법자 지불지위

---

1. 보통 육적六賊은 육진六塵이 육근六根을 매개로 하여 중생의 마음을 흩트려 번뇌를
   일으켜서 깨달음을 얻게 하는 기회를 훔쳐가므로 육진을 도적에 비유한 말이다.
   그런데 문장의 흐름상 여기 '육적'은 시비분별을 일으키는 '육식'으로 보아야 한다.
2. 경계를 받아들인다고 해서 '육문'이라고 한 것으로 안이비설신의 '육근六根'을 뜻
   한다.
3. 글 흐름에 맞게 '莫'의 여러 뜻 가운데 '꾀하다[謨]'로 번역하였다.

만약 자신의 마음이 삿되고 어리석은 망념으로 전도 되어, 바깥 선지식의 가르침이 있어야 한다고 집착한다면 스스로 깨우칠 수 없다. 반야지혜로 관조하는 자리에서 찰나에 모든 망념이 사라진 이것이 곧 자신의 진정한 선지식이니, 한 번에 깨닫고 곧 부처님을 안다.

자신의 성품 마음자리에서 부처님의 지혜로 살펴 안팎이 분명해야 자신의 본디 마음을 안다. 본디 마음을 알면 '해탈'이요, 해탈하면 '반야삼매'이고, 반야삼매를 깨달으면 '무념'이다.

무엇을 '무념'이라 하는가?
'무념법'이란 온갖 법을 보되 그 어디에도 집착하지 않고 모든 곳에 두루 하되 어떤 곳도 집착하지 않는 것이다. 항상 깨끗한 자신의 성품에서 시비분별을 일으키는 '육식六識'이 경계를 받아들이는 눈, 코, 입 등의 '육문六門'을 통해 참된 마음을 더럽히는 색, 소리, 냄새 등의 '육진六塵' 가운데 떨어지지도 물들지도 않아 오고감이 자유로운 것 이것이 곧 '반야삼매'요 '자재해탈'이니, 이를 '무념행'이라고 한다.

만약 아무것도 생각하지 않고 항상 모든 생각을 끊으려고만 한다면, 곧 이는 '법에 얽매인 것'이요 '한 쪽에 치우친 견해'라고 한다. '무념법'을 깨달은 사람은 온갖 법에 다 통하고, '무념법'을 깨달은 사람은 모든 부처님의 경계를 보며, '무념법'을 깨달은 사람은 부처님의 자리에 들어간다.

滅罪

善知識 後代 得吾法者 常見吾法身 不離汝左右.
선지식 후대 득오법자 상견오법신 불리여좌우

善知識 將此頓敎法門 同見同行 發願受持 如事佛故 終身受持
선지식 장차돈교법문 동견동행 발원수지 여사불고 종신수지

而不退者 欲入聖位. 然須傳受時 從上已來 嘿然而付於法 發大
이불퇴자 욕입성위 연수전수시 종상이래 묵연이부어법 발대

誓願 不退菩提 卽須分付.
서원 불퇴보리 즉수분부

若不同見解 無有志願 在在處處 勿妄宣傳 損彼前人 究竟無益.
약부동견해 무유지원 재재처처 물망선전 손피전인 구경무익

若愚人不解 謗此法門 百劫萬劫千生 斷佛種性.
약우인불해 만차법문 백겁만겁천생 단불종성

106

19장. 죄업이 사라지는 돈교의 노래

선지식들이여, 뒷날 나의 법을 얻은 사람은 항상 나의 법신이 그대 곁에 있음을 보게 되리라.

선지식들이여, 이 '단숨에 깨닫는 가르침 돈교법문'에 대해 나와 같은 견해를 가지고 실천하며 원력으로 받아 지녀 부처님 섬기듯 하면서, 자신의 목숨이 다하는 날까지 이 공부에서 물러나지 않는 사람은 부처님의 자리에 들어갈 수 있게 된다. 그러나 모름지기 법을 전할 때는 예로부터 묵묵히 법을 전하여 맡겼으니, 큰 원력으로 깨달음에서 물러나지 않아야 법을 부촉 받게 될 것이다.

만약 견해도 같지 않고 뜻과 원력도 없는 사람이라면 어떤 장소 어떤 곳이라도 허망하게 법을 펼치지 말아야 하니, 법을 펼치면 그 사람에게 해를 끼쳐 끝내는 서로 아무런 이익이 없기 때문이다. 만약 어리석은 사람들이 법을 잘 알지 못하고 이 법문을 헐뜯게 되면 영원토록 부처 될 씨앗이 끊어지게 될 것이다.

大師言.
대사언

善知識 聽吾說無相頌.
선지식 청오설무상송

令汝迷者罪滅 亦名滅罪頌.
영여미자죄멸 역명멸죄송

頌曰
송왈

愚人修福不修道　謂言修福而是道
우인수복불수도　위언수복이시도

布施供養福無邊　心中三業元來在.
보시공양복무변　심중삼업원래재

若將修福欲滅罪　後世得福罪無造
약장수복욕멸죄　후세득복죄무조

若解向心除罪緣　各自性中眞懺悔.
약해향심제죄연　각자성중진참회

若悟大乘眞懺悔　除邪行正造無罪
약오대승진참회　제사행정조무죄

學道之人能自觀　卽與悟人同一例.
학도지인능자관　즉여오인동일례

108

육조 스님께서 말씀하셨다.

선지식들이여, '어떤 모습에도 집착이 없는 노래 무상송'을 내가 설하리니 잘 들어라. 이 노래는 그대 어리석은 사람의 죄도 없어지게 할 것이니, 달리 말하면 '죄업이 사라지는 멸죄송'이라고도 할 수 있다. 게송으로 읊겠다.

어리석어 복만 닦고 도를 안 닦아
복 닦는 걸 '도 닦는다' 말들 하는데
보시 공양 복덕이야 끝이 없지만
욕심 성냄 어리석음 그대로 있네.

복을 닦아 죄 없애려 생각하지만
뒷날 복을 받더라도 죄 없어질까
마음속에 죄 짓는 일 없앨 줄 알면
자기 성품 그 속에서 참다운 참회.

대승에서 진짜 참회 깨닫게 되면
삿된 것이 제거되니 지을 죄 없어
도를 배운 사람들이 이를 본다면
그 자리서 부처님과 같아지리라.

大師令傳此頓敎　願學之人同一體
대사영전차돈교　원학지인동일체

若欲當來覓本身　三毒惡緣心中洗.
약욕당래멱본신　삼독악연심중세

努力修道莫悠悠　忽然虛度一世休
노력수도막유유　홀연허도일세휴

若遇大乘頓敎法　虔誠合掌[1]志心求.
약우대승돈교법　건성합장　지심구

大師說法了
대사설법료

韋使君官僚僧衆道俗　讚言　無盡昔所未聞.
위사군관료승중도속　찬언　무진석소미문

---

1. 원래 '합장'은 흐트러진 마음을 일심一心으로 모은다는 뜻이다. 다섯 손가락을 붙이는 것은 눈·귀·코·혀·피부 등이 색깔·소리·냄새·맛·감촉을 좇아 부산히 흩어지는 상태를 한 곳으로 향하게 한다는 뜻이다. 손바닥을 마주붙이는 것은 이 앞의 다섯 가지 감각기관을 감지하고 조정하는 제6식인 의식을 모은다는 뜻을 상징적으로 내포하고 있다. 이러한 뜻에서 보통 두 손바닥과 열 손가락을 합하는 것인데, 손가락만 합하고 손바닥을 합하지 않는 것은 마음이 거만하고 생각이 흩어졌기 때문이라 하여 꺼리게 된다. 또한 합해진 손 모양이 가지런하지 않을 경우에도 마음이 올바르지 않은 상태를 뜻한다 하여 몹시 주의한다. 이 합장의 자세는 다툼이 없는 '무쟁無諍'을 상징하니 합장한 상태로는 싸움을 할 수 없는 것이다.

110

큰 스승은 이 돈교를 전하게 하니
배운 사람 견성하여 부처님 되라
오늘부터 본디 몸을 찾고자 하면
마음속의 삼독 악연 씻어버려라.

노력하여 도를 닦되 미루지 마라
홀연 죽음 맞게 되어 저 세상 되니
대승돈교 부처님 법 만나게 되면
지극정성 마음모아 공부하여라.

대사께서 법을 설하시니, 위사군과 나라일꾼, 스님들과 일반불자들
이 끊임없이 "예전에는 듣지 못했던 훌륭한 법문이다."라고 찬탄하
였다.

功德

使君 禮拜 自言 和尙說法 實不思議. 弟子嘗有少疑 欲問和尙 望
사군 예배 자언 화상설법 실부사의 제자상유소의 욕문화상 망

和尙 大慈大悲 爲弟子說.
화상 대자대비 위제자설

大師言 有疑卽問 何須再三.
대사언 유의즉문 하수재삼

使君問 法 可不是西國第一祖達磨祖師宗旨.
사군문 법 가불시서국제일조달마조사종지

大師言 是.
대사언 시

弟子見說 達磨大師 化梁武帝 問達磨 朕一生已來 造寺布施供
제자견설 달마대사 화양무제 문달마 짐일생이래 조사보시공

養 有功德否 達磨答言 並無功德 武帝 惆悵 遂遣達磨出境.
양 유공덕부 달마답언 병무공덕 무제 추창 수견달마출경

未審此言 請和尙說.
미심차언 청화상설

20장. 절을 짓고 보시하며 공양하는 공덕

위사군이 육조 스님께 절을 올리며 말하였다.

위군 : 큰스님께서 설하신 법이 참으로 불가사의합니다. 의심이 조금 있어 묻사오니, 스님께서는 크나큰 자비로 저를 위하여 말씀하여 주시옵소서.

육조 : 의심이 있거든 물어라. 어찌 여러 번 망설일 필요가 있겠느냐?

위군 : 스님께서 설하신 법은 달마 조사의 종지가 아니겠습니까?

육조 : 맞느니라.

위군 : 제가 듣기로는 달마 대사가 양무제를 만났을 때, 양무제가 "제가 평생 절을 짓고 보시하며 스님들께 공양을 올렸는데 어떤 공덕이 있습니까?"라고 묻자, 달마 대사께서 "조금도 공덕이 없습니다."라고 말하니, 무제가 실망하고 달마 대사를 나라 밖으로 내보냈다고 합니다. 저는 아직 달마 대사의 깊은 뜻을 모르고 있으니, 부디 스님께서 그 뜻을 일러 주시옵소서.

六祖言 實無功德 使君 勿疑達磨大師言 武帝著邪道 不識正法.
육조언 실무공덕 사군 물의달마대사언 무제착사도 불식정법

使君 問 何以無功德.
사군 문 하이무공덕

和尙 言 造寺布施供養 只是修福 不可將福 以爲功德.
화상 언 조사보시공양 지시수복 불가장복 이위공덕

功德在法身 非在於福田.
공덕재법신 비재어복전

自法性 有功德 見性是功 平直是德. 內見佛性 外行恭敬.
자법성 유공덕 견성시공 평직시덕 내견불성 외행공경

若輕一切人 吾我不斷 卽自無功德. 自性虛妄法身 無功德.
약경일체인 오아부단 즉자무공덕 자성허망법신 무공덕

念念德行 平等直心 德卽不輕 常行於敬.
염념덕행 평등직심 덕즉불경 상행어경

自修身 卽功 自修心 卽德. 功德 自心作 福與功德別.
자수신 즉공 자수심 즉덕 공덕 자심작 복여공덕별

武帝不識正理 非祖大師有過.
무제불식정리 비조대사유과

육조 : 참으로 공덕이 없으니 그대는 달사 대사의 말을 의심하지 마라. 양무제가 삿된 생각에 빠져 바른 법을 몰랐을 뿐이다.

위군 : 어찌하여 공덕이 없습니까?

육조 : 절을 짓고 보시하며 스님들께 공양 올리는 일은 복만 닦는 일이니, 이 복을 공덕으로 삼아서는 안 된다. 공덕은 법신 가운데 있지 복밭에 있는 것이 아니다. 자신의 법성法性에 공덕이 있으니, 이 법성을 보는 것이 '공功'이요 평등하고 곧은 마음이 '덕德'이다. 안으로 부처님의 성품을 보고 바깥으로 그 마음이 반듯하게 드러나 모든 것을 공경하는 모습이 공덕인 것이다.

만약 다른 모든 사람들을 가볍게 여겨 '나' 잘났다는 생각이 끊어지지 않았다면 그 자체에 이미 공덕이 없다. 자신의 성품이 헛되고 거짓이면 법신에 공덕이 없다. 생각 생각마다 '공덕'을 실천할 때 마음이 평등하고 곧다면 그 '공덕'이 가볍지 않고, 그 마음이 언제나 모든 것을 공경하는 모습에서 반듯하게 드러난다.

스스로 몸을 닦는 것이 '공功'이요, 스스로 마음을 닦는 것이 '덕德'이다. 공덕은 자신의 마음에서 짓는 것이니, 밖으로 드러내며 짓는 복은 공덕과 다르다. 양무제가 올바른 이치를 모르고 있는 것이지 달마 대사께 허물이 있는 것은 아니다.

西方

使君 禮拜 又問.
사군 예배 우문

弟子 見僧道俗 常念阿彌陀佛 願往生西方
제자 견승도속 상념아미타불 원왕생서방

請和尙 說 得生彼否. 望爲破疑.
청화상 설 득생피부 망위파의

大師言. 使君 聽 惠能 與說.
대사언 사군 청 혜능 여설

世尊 在舍衛國 說西方引化 經文 分明 去此不遠.
세존 재사위국 설서방인화 경문 분명 거차불원

只爲下根 說遠 說近 只緣上智.
지위하근 설원 설근 지연상지

人自兩種 法無不同. 迷悟有殊 見有遲疾.
인자양종 법무부동 미오유수 견유지질

116

21장. 서방세계 극락정토

위사군이 육조 스님께 절을 올리며 말하였다.

위군 : 저는 스님이나 신도들이 끊임없이 늘 아미타불을 불러 서방세계에 가려고 하는 것을 보았는데, 염불하면 극락세계에 태어날 수 있는지 말씀하여 주시옵소서. 바라옵건대 이 의심을 없애 주옵소서.

육조 스님께서 말씀하셨다.

육조 : 위사군이여, 잘 들어라. 내가 말하리라. 세존께서 사위성에 계실 때 서방세계로 중생을 이끄시고 제도하는 가르침을 말씀하시면서, 경문에 분명히 "서방세계는 여기서 멀지 않다."라고 밝혀놓았다.

다만 어리석은 사람을 위하여 '멀다' 하고, '가깝다' 함은 아주 지혜로운 사람에게 말한 것이다. 사람들 자체가 두 종류로 나누어지지만 법에는 다를 것이 없다. 어리석음과 깨달음의 지혜가 다르기에 서방세계를 보는 것에 빠르고 더딤이 있다.

迷人 念佛生彼 悟者 自淨其心.
미인 염불생피 오자 자정기심

所以 佛言 隨其心淨 則佛土淨.
소이 불언 수기심정 즉불토정

使君 東方 但淨心 無罪 西方 心不淨 有愆.
사군 동방 단정심 무죄 서방 심부정 유건

迷人願生 東方西方 所在處並皆一種.
미인원생 동방서방 소재처병개일종

心但無不淨 西方 去此不遠 心起不淨之心 念佛往生難到.
심단무부정 서방 거차불원 심기부정지심 염불왕생난도

除十惡[1] 卽行十萬 無八邪[2] 卽過八千. 但行直心 到如彈指.
제십악 즉행십만 무팔사 즉과팔천 단행직심 도여탄지

使君 但行十善 何須更願往生. 不斷十惡之心 何佛 卽來迎請.
사군 단행십선 하수갱원왕생 부단십악지심 하불 즉래영청

若悟無生頓法 見西方 只在刹那.
약오무생돈법 견서방 지재찰나

不悟頓敎大乘 念佛 往生路遙 如何得達.
불오돈교대승 염불 왕생로요 여하득달

---

1. '십악十惡'은 살생, 도둑질, 삿된 관계, 거짓말, 거친 말, 이간질, 꾸민 말, 욕심, 성냄, 어리석음 열 가지 나쁜 일을 말한다.
2. '팔사八邪'는 삿된 견해, 삿된 생각, 삿된 말, 삿된 행동, 삿된 삶, 삿된 방편, 삿된 기억, 삿된 삼매로서 여덟 가지 삿된 길을 말한다. 그 반대 길은 팔정도八正道이다.

어리석은 사람은 끊임없이 염불하여 극락세계에 태어나기를 바라지만 깨달은 사람은 스스로 자신의 마음을 맑고 깨끗하게 한다. 그러므로 부처님께서는 "마음이 깨끗해지자 부처님의 국토가 맑고 깨끗하다."라고 말씀하셨다.

위사군이여, 동방에 사는 사람도 마음만 맑고 깨끗하면 죄가 없고, 서방에 살더라도 마음이 깨끗하지 못하면 허물이 있다. 어리석은 사람은 극락왕생을 원하지만, 동방이나 서방이나 세상 사람이 사는 곳은 다 같다. 마음만 깨끗하면 서방세계가 여기서 멀지 않을 것이요, 깨끗하지 못하면 염불로도 극락왕생하기 어려울 것이다.

열 가지 나쁜 마음을 없애 십만 리를 나아가고 여덟 가지 삿된 마음을 없애 팔천 리를 지나가라. 곧은 마음만 실천하면 순식간에 아미타불을 본다.

위사군이여, 다만 열 가지 좋은 마음만 실천할 뿐 어찌 극락왕생하기를 바라겠느냐? 열 가지 나쁜 마음을 끊지 못했다면 어느 부처님이 너를 맞이하러 오겠느냐. 만약 생멸이 없는 '돈법'을 깨달으면 서방세계를 보는 것이 찰나에 있을 뿐이다. 반대로 '대승의 돈교'를 깨닫지 못했다면 염불해도 극락왕생하는 것은 갈 길이 머니, 어떻게 도달할 수 있겠느냐?

六祖言
육조언

惠能 與使君 移西方刹那間 目前便見 使君 願見否.
혜능 여사군 이서방찰나간 목전변견 사군 원견부

使君 禮拜 若此得見 何須往生. 願和尙 慈悲 爲現西方 大善.
사군 예배 약차득견 하수왕생 원화상 자비 위현서방 대선

大師言 當¹見西方無疑 卽散.
대사언 당 견서방무의 즉산

大衆 愕然 莫知何事. 大師曰
대중 악연 막지하사 대사왈

大衆 大衆 作意聽. 世人 自色身 是城 眼耳鼻舌身 卽是城門.
대중 대중 작의청 세인 자색신 시성 안이비설신 즉시성문

外有五門 內有意門. 心卽是地 性卽是王 性在王在 性去王無.
외유오문 내유의문 심즉시지 성즉시왕 성재왕재 성거왕무

性在身心存 性去身心壞. 佛是自性作 莫向身外求.
성재신심존 성거신심괴 불시자성작 막향신외구

---

1. 돈황본 '唐'을 오자로 보아 '當'으로 고쳤다.

120

육조 스님께서 말씀하셨다.

육조 : 내가 그대에게 서방세계를 옮겨 찰나 간에 눈앞에서 보게 하리니, 위사군은 보기를 원하는가?

위사군이 머리를 조아리고 절을 하며 말하였다.

위군 : 이곳에서 서방세계를 볼 수 있다면 어찌 극락세계에 다시 태어나기를 바라겠습니까? 원컨대 큰스님께서 자비로 서방세계를 드러내 주신다면 참으로 좋겠습니다.

육조 : 서방세계를 보고 의심이 없게 하리니 대중들은 흩어져라.

이 말에 대중들은 깜짝 놀라 어찌 할 바를 모르니, 육조 스님께서 말씀하셨다.

육조 : 대중들이여, 그대들은 잘 들어라. 세상 사람에게는 자신의 몸이 '성城'이요 눈·귀·코·혀·몸은 성문이다. 밖으로 다섯 문이 있고 안으로 '의意'라는 문이 있다. 마음은 국토요 성품은 왕이니, 성품이 있으면 왕이 있고 성품이 떠나면 왕도 없다. 성품이 있으면 몸과 마음이 존재하지만 성품이 떠나면 몸도 마음도 무너진다. 이 때문에 부처님은 자신의 성품에서 되는 것이니 몸 밖에서 찾지 말지어다.

自性迷 佛卽衆生 自性悟 衆生 卽是佛.
자성미 불즉중생 자성오 중생 즉시불

慈悲 卽是觀音 喜捨 名爲勢至. 能淨 是釋迦 平直是彌勒.
자비 즉시관음 희사 명위세지 능정 시석가 평직시미륵

人我是須彌 邪心是大海. 煩惱是波浪 毒心是惡龍.
인아시수미 사심시대해 번뇌시파랑 독심시악룡

塵勞是魚鱉 虛妄卽是神鬼. 三毒卽是地獄 愚癡卽是畜生.
진노시어별 허망즉시신귀 삼독즉시지옥 우치즉시축생

十善是天堂.
십선시천당

無人我 須彌自倒 除邪心 海水竭.
무인아 수미자도 제사심 해수갈

煩惱無 波浪滅 毒害除 魚龍絶.
번뇌무 파랑멸 독해제 어룡절

自心地上 覺性如來 放大智慧 光明照耀 六門淸淨 照破六欲諸
자심지상 각성여래 방대지혜 광명조요 육문청정 조파육욕제

天[1] 下照 三毒 若除 地獄 一時消滅.
천 하조 삼독 약제 지옥 일시소멸

內外明徹 不異西方 不作此修 如何到彼.
내외명철 불이서방 부작차수 여하도피

---

1. 육욕제천六欲諸天은 욕계에 있는 사천왕천四天王天, 도리천忉利天, 야마천夜摩天,
   도솔천兜率天, 요변화천樂變化天, 타화자재천他化自在天을 말한다.

122

자신의 성품이 어리석으면 부처님이 중생이요, 자신의 성품이 깨달으면 중생이 부처님이다. 자비로운 마음이 관세음보살이요, 기쁘고 평등한 마음은 대세지보살이다. 탁한 번뇌를 맑고 깨끗하게 하는 것이 석가모니 부처님이요, 마음이 평등하고 곧은 것은 미륵 부처님이다.

너와 나를 구별함은 수미산이요, 삿된 마음은 바닷물이다. 번뇌는 바다 물결이요, 독한 마음은 바다에 사는 나쁜 용이다. 사소한 번뇌는 바다에 사는 온갖 물고기요, 허망한 것은 귀신이다. 욕심과 성냄은 지옥이요, 어리석음은 축생이다. 열 가지 좋은 마음은 천당이다.

너와 나를 분별하여 집착하는 마음이 없어지면 수미산이 저절로 무너지고, 삿된 마음이 없어지면 수미산을 둘러싼 바다가 마른다. 번뇌가 없으면 바다 물결이 잔잔해지고 해를 끼치려는 독한 마음이 제거되면 나쁜 용과 온갖 물고기들이 사라진다.

자신의 마음에서 '깨달은 성품의 여래'가 큰 광명을 놓아 비추니, 여섯 문이 맑고 깨끗해져 욕계에 있는 하늘 '육욕천'조차 사라지고, 안으로 욕심과 성냄과 어리석음을 비추어 제거하면 온갖 지옥이 한꺼번에 사라진다. 안팎이 맑고 투명하여 서방극락세계와 다르지 않으니, 이 수행을 닦지 않고 어떻게 서방극락세계에 도달할 수 있겠는가?

座下聞說 讚聲 徹天 應是迷人 了然便見 使君 禮拜 讚言.
좌하문설 찬성 철천 응시미인 요연변견 사군 예배 찬언

善哉善哉
선재 선재

普願法界衆生 聞者一時悟解.
보원법계중생 문자일시오해

법상 아래 있던 청중이 이 법문을 듣고 찬탄하는 소리가 하늘까지 들렸으며, 당연히 어리석은 사람들도 '참 성품'을 알고 분명히 보았다. 위사군은 감사의 절을 올리며 찬탄하여 말하였다.

"참으로 훌륭하고 훌륭하십니다. 두루 법계에 있는 중생 모두 이 법문을 듣고 다함께 깨달음 얻기를 간곡히 바라옵니다."

修行

大師言 善知識 若欲修行 在家亦得 不由在寺.
대사언 선지식 약욕수행 재가역득 불유재사

在寺不修 如西方心惡之人 在家若修行 如東方人修善.
재사불수 여서방심악지인 재가약수행 여동방인수선

但願自家修淸淨 即是西方.
단원자가수청정 즉시서방

使君 問 和尙 在家如何修 願爲指授.
사군 문 화상 재가여하수 원위지수

大師言 善知識 惠能 與道俗 作無相頌 盡誦取.
대사언 선지식 혜능 여도속 작무상송 진송취

依此修行 常與惠能 一處無別. 頌曰
의차수행 상여혜능 일처무별 송왈

說通及心通 如日至虛空
설통급심통 여일지허공

126

22장. 어떻게 수행해야 합니까

육조 스님께서 말씀하셨다.

육조: 선지식들이여, 수행을 하고자 한다면 세간에서도 할 수 있으니 꼭 절에 있어야 할 까닭은 없다. 절에 있으면서 공부하지 않는 사람은 서방에 살고 있는 마음 나쁜 사람과 같고, 세간에 있으면서 수행하는 사람이라면 이는 동방에서 좋은 마음을 닦고 있는 사람과 같다. 다만 자신이 지금 있는 곳에서 맑고 깨끗한 마음 닦기를 원하기만 한다면 곧 그곳이 바로 서방세계이다.

위공: 큰스님이시여, 세속에 사는 사람으로서 어떻게 수행해야 합니까? 바라옵건대 그 방법을 가르쳐 주시옵소서.

육조: 선지식들이여, 내가 일반불자에게 어떤 모습에도 집착이 없는 '무상송'을 일러 줄 터이니 모두 외워야 한다. 이것에 기대어 공부하면 늘 나와 함께 있는 것이나 다를 게 없다. 게송으로 말하겠다.

설법에도 막힘없고 마음도 열려
허공에 빛이 나는 해와 같아서

惟傳頓教法　出世破邪宗.
유전돈교법　출세파사종

教卽無頓漸　迷悟有遲疾
교즉무돈점　미오유지질

若學頓教法　愚人不可迷.
약학돈교법　우인불가미

說卽雖萬般　合離還歸一
설즉수만반　합리환귀일

煩惱暗宅中　常須生慧日.
번뇌암택중　상수생혜일

邪來因煩惱　正來煩惱除
사래인번뇌　정래번뇌제

邪正俱不用　淸淨至無餘.
사정구불용　청정지무여

菩提本淸淨　起心卽是妄
보리본청정　기심즉시망

淨性在妄中　但正除三障.
정성재망중　단정제삼장

128

오로지 돈교법을 전할 뿐인데
잘못된 가르침을 바로 잡도다.

가르침엔 돈頓과 점漸이 없는 것인데
미오迷悟 따라 빠르거나 더딤이 있지
우리 모두 돈교법을 배우게 되면
어리석은 사람들도 헤매지 않네.

말로 하면 온갖 말을 할 수 있지만
온갖 말이 모아지면 모두 한 이치
무명 번뇌 싸여 있는 어두운 마음
슬기롭게 늘 빛으로 밝혀야 한다.

삿된 생각 온갖 번뇌 인연이 되고
바른 생각 모든 번뇌 없어지지만
이런 분별 그 조차도 모두 버리면
참 맑고도 깨끗한 맘 부처님 세상.

깨달음은 본디 맑아 깨끗하지만
한 생각을 일으키니 허망한 마음
이 허망한 마음속의 깨끗한 성품
그 마음만 바로 쓰면 번뇌가 없네.

世間若修道 一切盡不妨
세 간 약 수 도   일 체 진 불 방

常現在己過 與道卽相當.
상 현 재 기 과   여 도 즉 상 당

色類[1]自有道 離道別覓道
색 류 자 유 도   이 도 별 멱 도

覓道不見道 到頭還自懊.
멱 도 불 견 도   도 두 환 자 오

若欲貪覓道 行正卽是道
약 욕 탐 멱 도   행 정 즉 시 도

自若無正心 暗行不見道.
자 약 무 정 심   암 행 불 견 도

若眞修道人 不見世間愚
약 진 수 도 인   불 견 세 간 우

若見世間非 自非却是左.
약 견 세 간 비   자 비 각 시 좌

他非我有罪 我非自有罪
타 비 아 유 죄   아 비 자 유 죄

---

1. '색류色類'는 여러 가지 모습을 띠고 있는 온갖 중생을 말한다.

세상 사람 부처님 법 닦아 나가면
그 무엇도 방해하지 못할 것이니
언제나 자기 허물 드러낸다면
깨달음 그 자체와 하나가 되리.

모든 중생 그 자체에 도가 있는데
마음속의 도를 떠나 도를 찾으면
종신토록 도 찾아도 도를 못 보니
하얀 머리 성성해도 고뇌 깊으리.

참다운 도 보려하는 마음 낸다면
드러난 행 바름이여 이것이 도니
자신에게 바른 마음 있지 않으면
가는 길이 어둠이라 도를 못 보네.

진실 되게 도를 닦는 사람이라면
세상 사람 어리석음 보지 않으니
세간에서 그릇된 걸 보게 된다면
그 자신의 잘못이니 도리어 허물.

다른 사람 잘못된 건 나의 죄과요
내 잘못은 나 자신에 죄가 있는 것

但自去非心　打破煩惱碎.
단 자 거 비 심　타 파 번 뇌 쇄

若欲化愚人　是須有方便
약 욕 화 우 인　시 수 유 방 편

勿令破彼疑　卽是菩提見.
물 령 파 피 의　즉 시 보 리 현

法元在世間　於世出世間
법 원 재 세 간　어 세 출 세 간

勿離世間上　外求出世間.
물 이 세 간 상　외 구 출 세 간

邪見是世間　正見出世間
사 견 시 세 간　정 견 출 세 간

邪正悉打却　菩提性宛然.
사 정 실 타 각　보 리 성 완 연

此但是頓敎　亦名爲大乘
차 단 시 돈 교　역 명 위 대 승

迷來經累劫　悟則刹那間.
미 래 경 루 겁　오 즉 찰 나 간

자신에게 죄진 마음 없애 버리면
온갖 번뇌 제거되어 사라진다네.

어리석은 사람들을 교화하려면
모름지기 자기 방편 있어야 하니
그들 의심 타파하려 애를 안 써도
그 자리서 깨달음이 드러나리라.

부처님 법 원래부터 세간에 있어
이 자리서 세간의 법 벗어나기에
수행자는 이 세간을 떠나지 말고
다른 데서 출세간을 구하지 마라.

삿된 견해 세간이라 코웃음치고
바른 견해 출세간을 상징하지만
삿된 견해 바른 견해 다 물리쳐야
깨달음의 그 성품이 분명하구나.

이 노래의 가르침은 오직 돈교법
이를 또한 대승이라 불러도 좋네
어리석음 영원토록 윤회를 하나
깨달으면 찰나 간에 부처님 세상.

行化

大師言.
대사언

善知識 汝等 盡誦取此偈 依偈修行 去惠能千里 常在能邊此不
선지식 여등 진송취차게 의게수행 거혜능천리 상재능변차불

修 對面千里. 各各自修 法不相持. 衆人且散. 惠能 歸曹溪山.
수 대면천리 각각자수 법불상지 중인차산 혜능 귀조계산

衆人 若有大疑 來彼山問[1]. 爲汝破疑 同見佛性.
중인 약유대의 내피산문 위여파의 동견불성

合座官僚道俗 禮拜和尙 無不嗟嘆.
합좌관료도속 예배화상 무불차탄

善哉. 大悟 昔所未聞. 嶺南有福 生佛在此 誰能得知.
선재 대오 석소미문 영남유복 생불재차 수능득지

---

1. 장경각 돈황본의 '間'을 문맥상 오자로 보아 '問'으로 바꾸었다.

23장. 돈교법의 수행을 권할 뿐

육조 스님께서 말씀하셨다.

"선지식들이여, 그대들이 모두 이 게송을 외워 이것에 의지하고 수행한다면 나와 천 리를 떨어져 있어도 언제나 내 곁에 있는 것이요, 수행하지 않는다면 얼굴을 마주해도 천 리나 떨어져 있는 것이다. 저마다 스스로 수행할 일이지 법은 상대편이 줄 수 있는 것이 아니다. 대중은 흩어져라. 나는 조계산으로 돌아가니 대중에게 의심이 있다면 그 산으로 와서 물어라. 그대들을 위하여 의심을 없애고 나와 똑같이 부처님의 성품을 보게 하리라."

그 자리에 있던 나라일꾼과 일반불자들이 큰스님께 절을 올리며 찬탄하지 않는 사람이 없었다.

"참으로 훌륭합니다. 이런 큰 깨달음을 주는 법문을 예전에는 듣지 못했습니다. 우리 영남 사람에게 복이 있으니, 살아 있는 부처님이 여기 계실 줄 누가 알았겠습니까?"

一時盡散.
일 시 진 산

大師往曹溪山 韶廣二州 行化四十餘年.
대 사 왕 조 계 산 소 광 이 주 행 화 사 십 여 년

若論門人 僧之與俗 三五千人 說不盡.
약 론 문 인 승 지 여 속 삼 오 천 인 설 부 진

若論宗旨 傳授壇經 以此爲依約 若不得壇經 卽無稟受.
약 론 종 지 전 수 단 경 이 차 위 의 약 약 부 득 단 경 즉 무 품 수

須知去處年 月日姓名 遞相付囑.
수 지 거 처 년 월 일 성 명 체 상 부 촉

無壇經稟承 非南宗弟子也.
무 단 경 품 승 비 남 종 제 자 야

未得稟承者 雖說頓敎法 未知根本 終不免諍.
미 득 품 승 자 수 설 돈 교 법 미 지 근 본 종 불 면 쟁

但得法者 只勸修行 諍是勝負之心 與道違背.
단 득 법 자 지 권 수 행 쟁 시 승 부 지 심 여 도 위 배

대중들이 다함께 흩어져 돌아갔다.

육조 스님은 조계산으로 돌아가서 소주와 광주 두 고을에서 사십여 년 동안 법을 펼치셨다. 그분의 문하를 말하자면 스님들과 일반제자를 모두 합쳐 일만 오천 명이나 되니 일일이 다 말할 수가 없었다.

부처님 가르침의 핵심을 조리 있게 말하려면, '단경'을 전수하여 이를 본보기로 삼게 했으니, '단경'을 얻지 못했다면 부처님의 법을 전해 받은 것이 없으리라.

모름지기 '단경'을 전해 받은 사람은 인연된 장소와 연도, 일자, 성명을 기록해서 서로 간에 이 법을 전했다는 사실을 알아야 한다. '단경'을 전수 받지 못한 사람은 남종南宗의 제자가 아니다. '단경'을 전수 받지 못한 사람은 '단숨에 깨닫는 가르침 돈교법'을 말하더라도, 아직 근본을 모를 것이니 끝내 시비다툼을 면하지 못할 것이다. 오직 이 법을 얻은 사람에게만 돈교법의 수행을 권할뿐, 시비다툼은 이기고 지는 마음이기에 도道와는 어긋나는 것이다.

頓修

世人盡傳 南能北秀 未知根本事由.
세인진전 남능북수 미지근본사유

且秀禪師 於荊南府 當陽縣 玉泉寺 住持修行
차수선사 어형남부 당양현 옥천사 주지수행

惠能大師 於韶州城東 三十五里 曹溪山住
혜능대사 어소주성동 삼십오리 조계산주

法卽一宗 人有南北 因此便立南北.
법즉일종 인유남북 인차변입남북

何名漸頓. 法卽一種 見有遲疾 見遲卽漸 見疾卽頓.
하명점돈 법즉일종 견유지질 견지즉점 견질즉돈

法無漸頓 人有利鈍故 名漸頓.
법무점돈 인유이둔고 명점돈

神秀師嘗見人 說惠能法 疾直指路.
신수사상견인 설혜능법 질직지로

秀師遂喚門人僧志誠曰
수사수환문인승지성왈

24장. 돈수입장에서 본 계戒·정定·혜慧

세상 사람들이 다 "남쪽은 혜능이요 북쪽은 신수다."라고 말하지만 이 이야기가 나오는 근본 뜻은 아직 모르고 있었다. 또 신수 선사는 형남부 당양현 옥천사에서 주지를 맡아 수행하고 있었고, 혜능 대사는 소주성 동쪽 삼십오 리쯤 떨어져 있는 조계산에 머물러 계셨는데, 법은 본디 하나의 종지宗旨인데도 불구하고 사람에게는 남쪽과 북쪽의 차별이 있어, 이로 말미암아 남쪽과 북쪽의 분별이 있게 되었다.

무엇을 일러 '돈頓'과 '점漸'이라고 하는가? 법은 하나인데 그 법을 보는 것에 빠르고 더딤이 있어, 더디게 보는 것이 '점漸'이요 빠르게 보는 것을 '돈頓'이라 한 것이다. 법에는 '돈'과 '점'이 없는 것인데 사람에게 똑똑함과 아둔함의 차이가 있으므로, 이를 일러 '돈頓'과 '점漸'이라고 부른다.

일찍이 신수 스님은 사람들이 "혜능 스님의 법이 바로 빠르게 도로 나아가는 길을 가리킨다."라고 말하는 것을 보았다. 이에 신수 스님은 문중 스님 지성을 불러 말하였다.

汝聰明多智.
여총명다지

汝與吾至曹溪山 到惠能所 禮拜但聽 莫言吾使汝來.
여여오지조계산 도혜능소 예배단청 막언오사여래

所聽得意旨記取 却來與吾說.
소청득의지기취 각래여오설

看惠能見解與吾誰疾遲. 汝第一早來 勿令吾怪.
간혜능견해여오수질지 여제일조래 물령오괴

志誠 奉使歡喜 逡半月中間 卽至曹溪山. 見惠能和尙 禮拜卽聽
지성 봉사탄회 수반월중간 즉지조계산 견혜능화상 예배즉청

不言來處. 志誠聞法 言下便悟 卽契本心 起立卽禮拜 自言.
불언래처 지성문법 언하변오 즉계본심 기립즉예배 자언

和尙 弟子從玉泉寺來.
화상 제자종옥천사래

秀師處 不得契悟 聞和尙說 便契本心. 和尙慈悲 願當敎示.
수사처 부득계오 문화상설 변계본심 화상자비 원당교시

惠能大師曰 汝從彼來 應是細作.
혜능대사왈 여종피래 응시세작

志誠曰 未說時卽是 說了不是.
지성왈 미설시즉시 설료불시

六祖言 煩惱卽是菩提 亦復如是.
육조언 번뇌즉시보리 역부여시

140

신수 : 너는 총명하고 매우 지혜로운 사람이다. 그대는 나를 위하여 조계산 혜능 스님의 처소로 가서 예배하고 법문만 듣고 내가 보내서 왔다는 말은 하지 마라. 들은 대로 그 뜻을 기억하고 돌아와 나를 위하여 그 내용을 말해다오. 혜능 스님과 나의 견해 가운데 누가 더디고 빠른지를 보거라. 법문을 듣자마자 빨리 돌아와 내가 그대를 의심하지 않게 하라.

지성은 기쁜 마음으로 명을 받고 반 달쯤 걸려 조계산에 도착하였다. 혜능 스님께 절을 올리고 법문을 듣게 되었지만 어디에서 왔는지는 말하지 않았다. 지성은 법문을 듣고 그 자리에서 바로 깨달아 본디 마음과 하나가 되니, 자리에서 일어나 절을 올리면서 말하였다.

지성 : 큰스님이시여, 저는 옥천사에서 왔습니다. 신수 스님 밑에서 깨치지 못했는데 큰스님의 법문을 듣자 본디 마음과 하나가 되었습니다. 큰스님께서는 바라옵건대 자비로 가르침을 주시옵소서.

혜능 : 네가 옥천사에서 왔다면 염탐꾼이 아니냐?

지성 : 사실을 말하기 전이라면 그렇습니다만, 이미 말씀을 드렸으니 아니옵니다.

혜능 : '번뇌가 곧 보리'라는 것도 이와 같다.

大師謂志誠曰 吾聞汝禪師教人 唯傳戒定慧 汝和尚 教人戒定慧
대사위지성왈 오문여선사교인 유전계정혜 여화상 교인계정혜

如何. 當爲吾說.
여하 당위오설

志誠曰
지성왈

秀和尚 言戒定慧 諸惡不作 名爲戒 諸善奉行 名爲慧 自淨其意
수화상 언계정혜 제악부작 명위계 제선봉행 명위혜 자정기의

名爲定. 此卽名爲戒定慧 彼作如是說. 不知和尚所見 如何.
명위정 차즉명위계정혜 피작여시설 부지화상소견 여하

惠能和尚答曰 此說 不可思議 惠能所見 又別.
혜능화상답왈 차설 불가사의 혜능소견 우별

志誠問 何以別.
지성문 하이별

惠能答曰 見有遲疾.
혜능답왈 견유지질

志誠 請和尙說所見戒定慧.
지성 청화상설소견계정혜

大師言 汝聽吾說 看吾所見處.
대사언 여청오설 간오소견처

心地無非自性戒 心地無亂是自性定 心地無癡自性慧.
심지무비자성계 심지무란시자성정 심지무치자성혜

혜능 대사께서 지성에게 말씀하셨다.

혜능 : 나는 그대의 스승이 사람들에게 오직 계戒·정定·혜慧만 가르치고 있다는 소리를 들었는데, 계戒·정定·혜慧를 어떻게 설명하는지 궁금하구나. 나에게 그것을 설명해 보아라.

지성 : 신수 스님께서는 '어떤 나쁜 일도 하지 않는 것' 이를 일러 '계戒'라 하고, '좋은 온갖 일을 받들어 행하는 것' 이를 일러 '혜慧'라 하며, '스스로 마음 씀씀이를 깨끗이 하는 것' 이를 일러 '정定'이라고 말합니다. 이 셋을 합쳐 '계戒·정定·혜慧'라 하니, 이것이 그분의 가르침입니다. 큰스님의 견해는 어떠하신지 모르겠습니다.

혜능 : 이 법문이 불가사의하다 말들 하지만 내가 보는 관점은 다르다.

지성 : 어떻게 다릅니까?

혜능 : 법을 보는 것에는 더디고 빠름이 있기 때문이다.

지성 : 부디 큰스님께서 보신 '계·정·혜'를 말씀하여 주시옵소서.

혜능 : 그대는 내 말을 듣고서 내가 본 곳을 보아라. 마음에 그릇된 것이 없음이 자기 성품의 아름다운 모습 '계戒'요, 마음에 어지러운 것이 없음이 자기 성품의 고요함 '정定'이며, 마음에 어리석은 것이 없음이 자기 성품의 슬기로움 '혜慧'이다.

能大師言.
능 대 사 언

汝戒定慧 勸小根諸人
여계정혜 권소근제인

吾戒定慧 勸上根人 得悟自性 亦不立戒定慧.
오계정혜 권상근인 득오자성 역불립계정혜

志誠言 請大師 說不立 如何.
지성언 청대사 설불립 여하

大師言.
대사언

自性無非無亂無癡 念念般若觀照 常離法相 有何可立.
자성무비무란무치 염념반약관조 상리법상 유하가립

自性頓修 立有漸 此所以不立.
자성돈수 입유점 차소이불립

志誠 禮拜 便不離曹溪山 卽爲門人 不離大師左右.
지성 예배 변불리조계산 즉위문인 불리대사좌우

또 혜능 대사가 말하였다.

혜능 : 그대 스승이 말하는 '계戒·정定·혜慧'는 근기가 뛰어나지 못한 사람들에게 권하는 가르침이고 내가 말하는 '계戒·정定·혜慧'는 근기가 뛰어난 사람들에게 권하는 가르침이지만, 자신의 성품을 깨달으면 또한 '계戒·정定·혜慧'를 따로 주장할 필요가 없느니라.

지성 : '계戒·정定·혜慧'를 따로 내세우지 않는다는 뜻을 부디 말씀해 주시옵소서.

혜능 : 자신의 성품에 그릇됨이 없어 혼란과 어리석음이 없고, 생각 생각마다 반야지혜로 관조하여 언제나 '법에 대한 집착'을 여의고 있으니 무슨 내세울 만한 법이 있겠느냐? 자신의 성품에서 단숨에 닦는 것이지, 어떤 주장을 내세우면 점차가 있게 되니 이 때문에 '계戒·정定·혜慧'를 따로 주장하지 않느니라.

지성은 감사의 큰절을 올리고 조계산을 떠나지 않고 제자가 되어 육조 스님을 곁에서 모셨다.

佛行

又有一僧 名法達 常誦法華經七年 心迷不知正法之處
우유일승 명법달 상송법화경칠년 심미부지정법지처

來問曰
내문왈

經上有疑 大師 智慧廣大 願爲決疑.
경상유의 대사 지혜광대 원위결의

大師言.
대사언

法達 法卽甚達 汝心不達 經上無疑 汝心自疑 汝心自邪 而求正
법달 법즉심달 여심부달 경상무의 여심자의 여심자사 이구정

法. 吾心正定 卽是持經 吾一生已來 不識文字 汝將法華經來 對
법 오심정정 즉시지경 오일생이래 불식문자 여장법화경래 대

吾讀一遍 吾聞卽知.
오독일편 오문즉지

146

25장. 부처님 삶을 살며 경을 읽어야

또 법달이란 스님은 쉬지 않고 『법화경』을 칠년 동안 읽고 외웠지만 어리석어 정법의 근본 뜻을 알지 못하였으므로 육조 스님을 찾아와서 물었다.

법달 : 경을 읽다가 의심이 있는데 큰스님께서는 크게 지혜로운 분이시니, 바라옵건대 제 의심을 해결하여 주시옵소서.

육조 : 법달이여, '법달'이란 이름에 법은 이미 깊이 통달해 있는 것인데 그대 마음이 알지 못하는 것이요, 경에는 본디 의심이 없는 것인데 그대 마음이 스스로 의심하고 있는 것이니, 이는 그대 마음 자체가 잘못 정법을 구하고 있기 때문이다. 내 마음이 올바른 선정에 있으면 그것이 경을 지닌 것이니, 내가 한 평생 한 글자도 알지 못하지만 그대가 경을 가지고 와 내 앞에서 한 번 쭉 읽어 주면, 듣고 바로 그 뜻을 알 것이다.

法達 取經到 對大師讀一遍
법 달 취 경 도 대 대 사 독 일 편

六祖聞已 卽識佛意 便與法達 說法華經. 六祖言.
육 조 문 이 즉 식 불 의 변 여 법 달 설 법 화 경 육 조 언

法達 法華經 無多語. 七卷盡是譬喻因緣.
법 달 법 화 경 무 다 어 칠 권 진 시 비 유 인 연

如來廣說三乘 只爲世人根鈍 經文分明 無有餘乘 唯一佛乘.
여 래 광 설 삼 승 지 위 세 인 근 둔 경 문 분 명 무 유 여 승 유 일 불 승

大師言. 法達 汝聽一佛乘 莫求二佛乘 迷却汝性. 經中 何處是一
대 사 언 법 달 여 청 일 불 승 막 구 이 불 승 미 각 여 성 경 중 하 처 시 일

佛乘 與汝說. 經云 諸佛世尊 唯以一大事因緣故 出現於世. 已上
불 승 여 여 설 경 운 제 불 세 존 유 이 일 대 사 인 연 고 출 현 어 세 이 상

十六字是正法.
십 육 자 시 정 법

此法如何解 此法如何修. 汝聽吾說.
차 법 여 하 해 차 법 여 하 수 여 청 오 설

人心不思 本源空寂 離却邪見 卽一大事因緣.
인 심 불 사 본 원 공 적 이 각 사 견 즉 일 대 사 인 연

內外不迷 卽離兩邊 外迷著相 內迷著空. 於相離相 於空離空 卽
내 외 불 미 즉 리 양 변 외 미 착 상 내 미 착 공 어 상 이 상 어 공 이 공 즉

是不迷. 悟此法 一念心開 出現於世.
시 불 미 오 차 법 일 념 심 개 출 현 어 세

148

법달이 경을 가지고 와 육조 대사 앞에서 쭉 한 편을 읽으니, 육조 스님은 듣자마자 부처님의 뜻을 알고, 법달에게 법화경의 뜻을 설명해 주고자 말씀하셨다.

"법달이여, 법화경은 많은 말이 필요 없으니, 일곱 권 모두 비유와 인연으로 법을 설하고 있다. 여래께서 폭넓게 삼승을 말씀하신 것은, 단지 근기가 둔한 세상 사람들을 위한 것이니, 경문에 분명히 '다른 가르침은 없고 오직 일불승뿐이다.'라고 밝혀 놓았다."

"법달이여, 그대는 '일불승'을 듣고 '이불승'을 구하여 그대 성품을 어리석게 하지 마라. 경 가운데 어느 곳이 '일불승'인지 그대에게 말하리라. 경에서는 '모든 부처님께서는 오직 일대사인연으로 세상에 출현하셨다.'라고 하였으니, 이것이야말로 정법이다."

"이 법을 어떻게 이해하고 닦아나갈 것인가? 그대는 나의 말을 잘 들어라. 사람들이 분별이 없어 그 마음의 본디 근원이 텅 비고 고요하면 삿된 견해를 떠나니, 이것이 곧 '일대사인연'이다."

"안팎으로 어리석지 않으면 모든 집착에서 벗어나는데, 세상 사람들은 어리석어 밖으로 모습에 집착하고 안으로 '공空'에 집착한다. 모습에서 모습만을 집착하지 않고 '공空'에서 '공空'만을 집착하지 않으면 안팎이 어리석지 않으니, 이 법을 깨닫고 한 생각이 열리면 이 세상에 부처님이 출현한다."

心開何物. 開佛知見. 佛猶如覺也. 分爲四門 開覺知見 示覺知見
심개하물 개불지견 불유여각야 분위사문 개각지견 시각지견

悟覺知見 入覺知見.
오각지견 입각지견

開示悟入 從一處入 卽覺知見 見自本性 卽得出世.
개시오입 종일처입 즉각지견 견자본성 즉득출세

大師言.
대사언

法達 吾常願一切世人 心地 常自開佛知見 莫開衆生知見. 世人
법달 오상원일체세인 심지 상자개불지견 막개중생지견 세인

心邪 愚迷造惡 自開衆生知見 世人心正 起智慧觀照 自開佛知
심사 우미조악 자개중생지견 세인심정 기지혜관조 자개불지

見 莫開衆生知見 開佛知見 卽出世.
견 막개중생지견 개불지견 즉출세

大師言.
대사언

法達 此是法華經一乘法 向下分三 爲迷人故 汝但依一佛乘.
법달 차시법화경일승법 향하분삼 위미인고 여단의일불승

"마음에 무엇이 열리는가? '부처님의 지견'이 열리니, 부처님은 깨달음과 같다. 그 내용을 넷으로 나누니, '깨달음의 지견'을 열고[開覺知見], 그것을 보고[示], 그것을 깨달아[悟], 그 자리에 들어가는 것[入]이다."

"'부처님의 지견'을 열고, 보고, 깨달아 들어가는 '개시오입開示悟入'은 한 곳에서 들어가니 곧 깨달음의 지견인 '각지견覺知見'이다. 이것으로 자신의 본디 성품을 보니 부처님이 세상에 출현한다."

육조 대사께서 말씀하셨다.
"법달이여, 나는 늘 모든 세상 사람들이 자신의 마음자리에서 언제나 '부처님의 지견'을 열지 '중생의 지견'을 열지 말라고 원력을 세운다. 세상 사람들이 삿되고 어리석어 죄를 지으면 저절로 중생의 지견을 여는 것이요, 바른 마음으로 늘 지혜롭게 자신의 마음을 비추면 저절로 부처님의 지견을 연다. 중생의 지견을 열지 않고 부처님의 지견을 여는 것이 곧 부처님이 세상에 출현하신 것이다."

육조 대사께서 말씀하셨다.
"법달이여, 이것이 법화경의 일승법이다. 방편으로 삼승으로 나눈 것은 어리석은 사람을 위하였기때문이니, 그대 오직 일승불만 의지하라."

大師言.
대사언

法達 心行轉法華 不行法華轉. 心正轉法華 心邪法華轉.
법달 심행전법화 불행법화전 심정전법화 심사법화전

開佛知見 轉法華 開衆生知見 被法華轉.
개불지견 전법화 개중생지견 피법화전

大師言 努力 依法修行 卽是轉經.
대사언 노력 의법수행 즉시전경

法達 一聞 言下大悟 涕淚悲泣 自言.
법달 일문 언하대오 체루비읍 자언

和尙 實未曾轉法華 七年被法華轉.
화상 실미증전법화 칠년피법화전

已後 轉法華 念念修行佛行.
이후 전법화 염념수행불행

大師言 卽佛行是佛.
대사언 즉불행시불

其時聽人 無不悟者.
기시청인 무불오자

152

육조 대사께서 말씀하셨다.

"법달이여, 마음으로 뜻을 알고 실천하면 법화경을 마음대로 가지고 놀고, 잘 몰라 실천하지 못한다면 법화경의 글자에 매달려 끌려 다니게 된다. 마음이 바르면 법화경을 마음대로 가지고 놀고 마음이 삿되면 법화경의 글자에 매달려 끌려 다니게 된다. 부처님의 지견을 열면 법화경을 마음대로 가지고 놀고 중생의 지견을 열면 법화경의 글자에 매달려 끌려 다니게 된다."

육조 대사께서 말씀하셨다.

"노력하여 법에 의지하고 수행하면 이것이 곧 경을 마음대로 가지고 노는 것이니라."

법달은 법문을 듣자마자 그 자리에서 크게 깨달아 감동의 벅찬 눈물을 흘리면서 스스로 말하였다.

"큰스님이시여, 실로 지금까지 법화경의 뜻을 제대로 알지 못하고, 칠년 동안 법화경의 글자에 매달려 끌려 다녔습니다. 지금부터 법화경을 마음대로 가지고 놀면서 생각 생각마다 부처님의 삶을 닦아가겠습니다."

육조 대사께서 말씀하셨다.

"부처님의 삶을 실천하는 그 자체가 부처님이니라."

그때 이 법문을 듣고서 깨닫지 않은 사람이 없었다.

參請

時有一僧名智常 來曹溪山 禮拜和尙 問四乘法義.
시유일승명지상 내조계산 예배화상 문사승법의

智常 問 和尙曰 佛說三乘 又言最上乘 弟子不解 望爲敎示.
지상 문 화상왈 불설삼승 우언최상승 제자불해 망위교시

惠能大師曰
혜능대사왈

汝自身心見 莫著外法相. 元無四乘法 人心自有四等 法有四乘.
여자신심견 막착외법상 원무사승법 인심자유사등 법유사승

見聞讀誦 是小乘 悟法解義是中乘 依法修行 是大乘.
견문독송 시소승 오법해의시중승 의법수행 시대승

萬法盡通 萬行俱備 一切無離 但離法相 作無所得 是最上乘.
만법진통 만행구비 일체무리 단이법상 작무소득 시최상승

乘是行義 不在口諍. 汝須自修 莫問吾也.
승시행의 부재구쟁 여수자수 막문오야

26장. 지상과 신회가 육조 스님께 법을 묻다

어느 날 지상 스님이 조계산으로 찾아와 육조 스님께 절을 올리고 '소
승, 중승, 대승, 최상승'의 법에 대하여 뜻을 물었다.

지상 : 부처님께서 삼승의 법과 최상승의 법을 말씀하셨지만 저는 그
뜻을 알지 못합니다. 바라옵건대 가르침을 주시옵소서.

혜능 : 그대는 자신의 마음으로 보아야 하니, 바깥 법의 모양에 집착하
지 마라. 원래 법에는 네 가지로 나누어지는 법이 없는데, 사람들이
사등분하여 법에 '사승四乘'이 있다고 한다. 법을 보고 듣고 읽어 외워
가는 것은 '소승小乘'이요, 법을 깨달아 이치를 아는 것은 '중승中乘'이
며, 법에 의지하고 수행하는 것은 '대승大乘'이다. 온갖 법에 다 통하고
온갖 수행을 다 실천하여, 어떤 경계도 떠나지 않으면서 법의 모양에
대한 집착을 떠나 얻을 바 없는 것이 '최상승'이다. '승乘'은 행한다는
뜻이니 입으로 다투고 따질 일이 아니다. 그대 모름지기 스스로 수행
할 뿐 나에게 묻지 마라.

又有一僧名神會 南陽人也 至曹溪山 禮拜.
우 유 일 승 명 신 회 남 양 인 야 지 조 계 산 예 배

問言 和尙坐禪 見亦不見.
문 언 화 상 좌 선 견 역 불 견

大師起打神會三下 却問.
대 사 기 타 신 회 삼 하 각 문

神會 吾打汝 痛不痛.
신 회 오 타 여 통 불 통

神會答言 亦痛亦不痛.
신 회 답 언 역 통 역 불 통

六祖言曰 吾亦見亦不見.
육 조 언 왈 오 역 견 역 불 견

神會又問 大師 何以亦見亦不見.
신 회 우 문 대 사 하 이 역 견 역 불 견

大師言. 吾亦見 常見自過患 故云 亦見
대 사 언 오 역 견 상 견 자 과 환 고 운 역 견

亦不見者 不見天地人過罪 所以 亦見亦不見.
역 불 견 자 불 견 천 지 인 과 죄 소 이 역 견 역 불 견

汝 亦痛亦不痛 如何.
여 역 통 역 불 통 여 하

신회 스님은 남양 사람인데 조계산을 찾아와 큰스님께 절을 올리고 물었다.

신회 : 스님께서는 좌선 중에 봅니까, 아니면 보지 않습니까?

혜능 대사는 일어나 주장자로 신회의 어깻죽지를 세 번 내리치고 물으셨다.

혜능 : 내가 그대를 때렸는데 아프냐, 아프지 않더냐?

신회 : 아프기도 하고 아프지 않기도 합니다.

혜능 : 나 또한 보기도 하고 보지 않기도 한다.

신회 : 큰스님은 어째서 보기도 하고 보지 않기도 합니까?

혜능 : 내가 '본다'고 한 것은 늘 자신의 허물을 보는 것이므로 '본다'라고 말한 것이고, 또한 '보지 않는다'고 한 것은 세상 사람들의 허물과 죄를 보지 않는 것이니, 그러므로 "또한 보기도 하고 보지 않기도 한다."라고 말한 것이다. 그대가 "아프기도 하고 아프지 않기도 하다."라고 말한 것은 어떤 뜻인가?

神會答曰 若不痛 卽同無情木石 若痛 卽同凡夫 卽起於恨.
신회답왈 약불통 즉동무정목석 약통 즉동범부 즉기어한

大師言 神會 向前 見不見 是兩邊 痛不痛 是生滅.
대사언 신회 향전 견불견 시양변 통불통 시생멸

汝自性 且不見 敢來弄人.
여자성 차불견 감래농인

神會禮拜 更不言
신회예배 갱불언

大師言.
대사언

汝心迷不見 問善知識 覓路. 以心悟自見 依法修行.
여심미불견 문선지식 멱로 이심오자견 의법수행

汝自迷 不見自心 却來問惠能見否 吾見自知 代汝迷不得.
여자미 불견자심 각래문혜능견부 오견자지 대여미부득

汝若自見代得吾迷 何不自修 問吾見否.
여약자견대득오미 하부자수 문오견부

神會作禮 便爲門人 不離曹溪山中 常在左右.
신회작례 변위문인 불리조계산중 상재좌우

158

신회 : 만약 아프지 않다면 무정물인 나무나 돌과 같고, 아프다고 하면 범부와 같아서 화를 낼 것이기 때문입니다.

혜능 : 신회야, 앞에서 말한 '본다'는 것과 '보지 않는다'고 분별한 것은 한 쪽에 치우쳐 집착하는 말이요, '아프다'는 것과 '아프지 않다'고 분별한 것은 생겨났다 사라지는 '생멸법'이다. 그대는 자신의 성품에서 보지도 못하면서 감히 말로 사람을 희롱하려 드는구나.

이 말에 신회는 뉘우치고 스님의 가르침에 감사의 큰절을 올리며 아무 말도 하지 않자, 혜능 대사께서 다시 말씀하셨다.

혜능 : 그대 마음이 어리석어 법을 보지 못했다면 선지식에게 묻고 길을 찾아야 한다. 그대 마음이 깨어 저절로 법을 보았다면 그 법에 의지하고 수행하여야 한다. 그대 스스로 어리석어 자신의 마음도 보지 못하면서 도리어 나를 찾아와 견해를 물으니, 내가 본 것은 스스로 알지만 내가 그대의 어리석음을 대신할 수는 없다. 그대가 만약 스스로 나의 어리석음을 대신할 수 있다고 본다면, 어찌 스스로 수행하지 않고 나의 견해를 묻는 것인가?

신회는 가르침에 대한 감사의 절을 올리고 제자가 되었다. 그리고 그 때부터 조계산을 떠나지 않고 항상 혜능 대사의 곁을 지켰다.

對法

大師 遂喚門人 法海 志誠 法達 智常 志徹 志道 法珍 法如 神會
대사 수환문인 법해 지성 법달 지상 지철 지도 법진 법여 신회

智通
지통

大師言 汝等拾弟子 近前. 汝等 不同餘人 吾滅度後 汝各爲一方
대사언 여등습제자 근전 여등 부동여인 오멸도후 여각위일방

頭. 吾敎汝說法 不失本宗.
두 오교여설법 불실본종

擧三科法門 動用三十六對出沒 卽離兩邊 說一切法 莫離於性
거삼과법문 동용삼십육대출몰 즉리양변 설일체법 막리어성

相. 若有人問法 出語盡雙 皆取法對 來去相因 究竟二法盡除 更
상 약유인문법 출어진쌍 개취법대 내거상인 구경이법진제 갱

無去處.
무거처

27장. 서른여섯 가지로 짝을 묶어 바로 보는 법

혜능 대사께서 하루는 법해, 지성, 법달, 지상, 지철, 지도, 법진, 법여, 신회, 지통智通을 불러 다음과 같이 말씀하셨다.

그대들은 가까이 오라. 그대들은 다른 제자와 달리 내가 세상을 떠난 뒤, 저마다 일가를 이루어 각자 인연 있는 지역에서 큰 스승이 될 것이다. 그러므로 내가 이제 그대들에게 법을 설하는 방법을 가르쳐 근본 종지를 잃지 않게 하리라.

먼저 '삼과三科법문'과 서른여섯 가지로 상대되는 법을 쓸 때 곧 한쪽에 치우쳐 집착하는 마음을 떠나, 온갖 법이 자신의 성품과 그 안에 드러나는 모습에서 벗어나지 말 것을 설해야 한다. 만약 어떤 사람이 그대에게 법을 묻거든, 답변하는 말마다 짝을 이루어 오가는 법이 서로 원인이 되고 끝내는 두 가지로 분별된 법이 다 없어져 다시는 집착할 곳이 없어야 한다.

三科法門者 蔭界入. 蔭是五蔭 界是十八界 入是十二入.
삼 과 법 문 자 음 계 입 음 시 오 음 계 시 십 팔 계 입 시 십 이 입

何名五蔭. 色蔭 受蔭 想蔭 行蔭 識蔭 是.
하 명 오 음 색 음 수 음 상 음 행 음 식 음 시

何名十八界. 六塵 六門 六識[1]. 何名十二入. 外六塵 中六門.
하 명 십 팔 계 육 진 육 문 육 식 하 명 십 이 입 외 육 진 중 육 문

何名六塵. 色聲香味觸法 是. 何名六門 眼耳鼻舌身意 是.
하 명 육 진 색 성 향 미 촉 법 시 하 명 육 문 안 이 비 설 신 의 시

法性 起六識(眼識耳識鼻識舌識身識意識) 六門六塵 自性含萬
법 성 기 육 식 안 식 이 식 비 식 설 식 신 식 의 식 육 문 육 진 자 성 함 만

法 名爲含藏識[2] 思量卽轉識[3]. 生六識 出六門 見六塵 是三六
법 명 위 함 장 식 사 량 즉 전 식 생 육 식 출 육 문 견 육 진 시 삼 육

十八.
십 팔

---

1. 육근과 육진이 어울려 분별하는 중생의 마음 작용을 '육식六識'이라 한다. 육식은 옳고 그른 시비를 헤아릴 수 있다 하여 '의식意識'이라 하기도 하고, 바른 이해가 생겨나지 않도록 한다고 하여 '번뇌장식煩惱障識'이라 하기도 하며, 과보로 받은 몸의 업보가 다하면 마음과 경계가 따로 갈라진다 하여 '분단사식分段死識'이라 하기도 한다.
2. '함장식'은 '곳간식[藏識]'이라고도 하는데 8식 가운데 제팔 아뢰야식을 말한다. 이 식은 무시이래 모든 선과 악의 곳간이다. 이 곳간은 중생이 지은 선과 악의 종자를 다 저장할 수 있다는 '능장能藏'의 뜻과, 전칠식前七識의 심심소법心心所法의 활동에 의하여 제팔식에 종자가 훈습되어 저장된다는 '소장所藏'의 뜻과, 제칠식이 제팔식의 견분見分을 나라고 집착하는 '아애집장我愛執藏'의 뜻이 있다.
3. 전식은 7전식이라 하여 함장식에서 '마나식'과 '육식'이 일어나 작용하는 것을 말한다. '마나'란 의意를 뜻하는데 제6식 곧 의식과 구별하기 위하여 마나식이라고 하며 '집아식執我識'이라고도 한다. 이 식은 제팔식이 의지처가 되며 마나식은 늘 제팔식의 견분을 나라고 집착한다.

'삼과법문'이란 '음陰', '계界', '입入' 세 가지를 가지고 하는 법문이다. '음陰'은 '오음五陰'이요, '계界'는 '십팔계十八界'이며, '입入'은 '십이입十二入'이다.

무엇을 일러 '오음'이라 하는가? 색色·수受·상想·행行·식識이다. 무엇을 일러 '십팔계'라 하는가? 육진六塵과 육문六門, 육식六識을 합쳐 말한 것이다.

무엇을 일러 '십이입'이라 하는가? 바깥의 '육진'과 '육문'을 합쳐 말한 것이다. 무엇을 일러 '육진'이라 하는가? 색·소리·향기·맛·느낌·법[色聲香味觸法]을 말한다.

무엇을 일러 '육문'이라 하는가? 눈·귀·코·혀·몸·의식작용[眼耳鼻舌身意]을 말한다.

'법의 성품'에서 육식[眼識·耳識·鼻識·舌識·身識·意識], 육문, 육진을 일으키는데, 자신의 성품에서 온갖 법을 갈무리하고 있기 때문에 이를 일러 '함장식含藏識'이라 하고, 이를 '나'라고 집착하여 잘못된 앎으로 전환되는 것이 '전식轉識'이며, 여기서 육식이 생겨나 육문을 거쳐 육진을 보기에 이것을 합쳐 십팔계라 하니 중생계를 말한다.

由自性邪 起十八邪 含自性正 起十八正.
유 자 성 사 기 십 팔 사 함 자 성 정 기 십 팔 정

含惡用卽衆生 善用卽佛. 用由何等. 由自性對.
함 악 용 즉 중 생 선 용 즉 불 용 유 하 등 유 자 성 대

外境無情 對有五. 天與地對 日與月對 暗與明對 陰與陽對 水與
외 경 무 정 대 유 오 천 여 지 대 일 여 월 대 암 여 명 대 음 여 양 대 수 여

火對. 法相語言對[1] 有十二對. 有爲無爲[2] 有色無色對 有相
화 대 법 상 어 언 대 유 십 이 대 유 위 무 위 유 색 무 색 대 유 상

無相[3]對 有漏無漏[4]對 色與空對 動與靜對 淸與濁對 凡與聖
무 상 대 유 루 무 루 대 색 여 공 대 동 여 정 대 청 여 탁 대 범 여 성

對 僧與俗對 老與少對 大與小對[5] 長與短對 高與下對.
대 승 여 속 대 노 여 소 대 대 여 소 대 장 여 단 대 고 여 하 대

---

1. '法相語言對'는 돈황본 '語與言對 法與相對'를 표현 오기로 보아 덕이본을 참고하여 역자가 고친 것이다.
2. '유위有爲'는 경계에 집착하여 생각을 일으키는 중생의 삶이요, '무위無爲'는 분별 하여 집착할 일이 없는 부처님의 삶이다.
3. 육조 스님은 『육조 스님 금강경』에서 다음과 같이 말하고 있다.
   "마음을 일으켜 마음을 닦으나 헛되이 옳고 그름을 판단하며 안으로 '시비 분별할 어떤 모습도 없는 무상無相'의 이치에 계합하지 못하는 것 이를 일러 '형체가 있는 중생[有色]'이라 한다. 안으로 곧은 마음을 지킨다고 중생들을 공양 공경하지 않고 다만 곧은 마음이 부처라고 여겨 복덕과 지혜를 닦지 않는 것 이를 일러 '형체가 없는 중생[無色]'이라 한다. 중도를 알지 못하고 눈과 귀로 보고 들은 것을 사유하여 어떤 법에 집착하여 입으로는 부처님의 행을 말하지만 마음으로는 실천하지 않는 것 이를 일러 '분별이 있는 중생[有想]'이라 한다. 어리석은 사람이 좌선하며 오로지 망념만 없애고 '늘 함께 기뻐하며 차별 없는 마음으로 베푸는 자비로운 지혜방편' 을 배우지 않아 나무나 바위처럼 아무런 행도 없는 것 이를 일러 '분별이 없는 중생 [無想]'이라 한다."
4. '유루有漏'는 새는 게 있다는 뜻이니, 중생의 마음에서 흘러나오는 번뇌를 말한다. 곧 '유루有漏'는 번뇌가 있는 것이요, '무루無漏'는 번뇌가 없는 것이다.
5. '大與小對'는 돈황본 '大大與少'를 오자로 보아 덕이본을 참고하여 역자가 고친 것이다.

자신의 성품이 삿됨으로 말미암아 열여덟 가지 삿된 마음을 일으키고, 자신의 성품이 올바르기에 열여덟 가지 올바른 마음을 일으킨다.

나쁜 마음을 쓰면 중생이요 좋은 마음을 쓰면 부처님이니, 이런 마음 씀씀이는 어디에서 말미암는가? 자신의 성품으로 말미암아 상대적으로 있게 된다.

바깥 경계의 무정물로 짝을 묶어 바로 보는 다섯 가지 법이 있다. 하늘과 땅, 해와 달, 밝음과 어둠, 음과 양, 물과 불 이 다섯 가지이다.

법의 모습을 나타내는 언어로 짝을 묶어 바로 보는 열두 가지 법이 있다. 유위有爲와 무위無爲, 유색有色과 무색無色, 유상有相과 무상無相, 유루有漏와 무루無漏, 색色과 공空, 동動과 정靜, 맑음과 탁함, 범부와 성인, 출가와 속가, 늙은이와 어린이, 큼과 작음, 김과 짧음 또는 높음과 낮음 이렇게 열두 가지이다.

自性起用對 有十九對. 邪與正對 癡與慧對 愚與智對 亂與定對
자성기용대 유십구대 사여정대 치여혜대 우여지대 난여정대

戒與非對 直與曲對 實與虛對 嶮與平對 煩惱與菩提對 慈與害
계여비대 직여곡대 실여허대 험여평대 번뇌여보리대 자여해

對 喜與嗔對 捨與慳對 進與退對 生與滅對 常與無常對 法身與
대 희여진대 사여간대 진여퇴대 생여멸대 상여무상대 법신여

色身對 化身與報身對 體與用對 性與相對.
색신대 화신여보신대 체여용대 성여상대

法相語言十二對[1] 外境無情五對[2] 自性起有十九對 都合成三
법상어언십이대   외경무정오대   자성기유십구대   도합성삼

十六對法也.
십육대법야

此三十六對法 解用 通一切經 出入 卽離兩邊.
차삼십육대법 해용 통일체경 출입 즉리양변

如何自性起用 三十六對.
여하자성기용 삼십육대

共人言語 出外 於相離相 入內 於空離空.
공인언어 출외 어상이상 입내 어공이공

---

1. '法相語言十二對'는 돈황본 원문 '有情無情對 言語與法相 有十二對'를 문맥상으로 잘
   못되었다고 판단되어 역자가 고친 것이다.
2. '外境無情五對'는 돈황본 '外境有無情五對'에서 '有'가 필요 없다고 판단되어 역자가
   고친 것이다.

자신의 성품에서 일어난 쓰임새로 짝을 묶어 바로 보는 열아홉 가지 법이 있다. 삿됨과 바름, 어리석음과 지혜, 미련과 슬기, 혼란과 안정, 아름다운 삶과 그릇된 삶, 곧은 마음과 왜곡된 마음, 허虛와 실實, 험준함과 평탄함, 번뇌와 보리, 자비와 해악, 기쁨과 성냄, 베풂과 인색, 진보와 퇴보, 생겨남과 없어짐, 영원과 무상, 법신法身과 색신色身, 화신化身과 보신報身, 본체와 작용, 성품과 모양 이렇게 열아홉 가지이다.

법의 모습을 나타내는 언어로 짝을 묶어 바로 보는 열두 가지 법이 있고, 바깥 경계의 무정물로 짝을 묶어 바로 보는 다섯 가지 법이 있으며, 자신의 성품에서 일어난 쓰임새로 짝을 묶어 바로 보는 열아홉 가지 법이 있으니, 모두 합치면 서른여섯 가지 마주보는 법이 완성된다. 이 서른여섯 가지 마주보는 법을 풀이하여 사용하면 모든 경전의 뜻에 통하고 오고 가며 쓰는 법이 모두 온갖 집착을 벗어난다.

자신의 성품에서 서른여섯 가지로 짝을 묶어 바로 보는 법을 어떻게 쓸 것인가? 다른 사람과 아무리 법을 이야기하여도, 밖으로는 온갖 모습에서 그 모습에 대한 집착을 떠나고, 안으로는 텅 빈 마음 '공空'에서 그 '공空'에 대한 집착을 떠나야 한다.

著空卽惟長無明 著相惟長邪見.
착공즉유장무명 착상유장사견

謗法 直言不用文字 旣云 不用文字
방법 직언불용문자 기운 불용문자

人不合言語 言語卽是文字.
인불합언어 언어즉시문자

自性上說空 正語言 本性不空 迷自惑 語言邪故.
자성상설공 정어언 본성불공 미자혹 어언사고

暗不自暗 以明故暗 暗不自暗 以明變暗.
암부자암 이명고암 암부자암 이명변암

以暗現明 來去相因 三十六對 亦復如是.
이암현명 내거상인 삼십육대 역부여시

大師言 十弟子
대사언 십제자

已後傳法 遞相敎授 一卷壇經 不失本宗 不稟受壇經 非我宗旨.
이후전법 체상교수 일권단경 불실본종 불품수단경 비아종지

如今得了 遞代流行. 得遇壇經者 如見吾親授.
여금득료 체대유행 득우단경자 여견오친수

拾僧 得敎授已 寫爲壇經 遞代流行 得者必當見性.
십승 득교수이 사위단경 체대유행 득자필당견성

'공空'에 집착하면 무명만 늘고 모습에 집착하면 삿된 소견만 늘어난다. 이런 사람은 부처님의 법을 비방하고 거리낌 없이 "문자를 쓰면 안 된다."라고 말하지만, 이미 "문자를 쓰면 안 된다."라고 하면, 그 말을 하는 사람도 결국 자기 말에 스스로 모순이 있게 되니, 왜냐하면 이 말도 곧 문자이기 때문이다.

자신의 성품에서 '공空'을 말하지만 바로 말하자면 본디 성품은 '공空'도 아니니, 이는 어리석고 스스로 미혹해서 한쪽에 집착하여 삿된 말을 한 것이기 때문이다. 어둠은 본디 어둠이 아니니 밝음 때문에 어둠이요, 어둠은 본디 어둠이 아니니 밝음이 어둠으로 변하였기 때문이다. 또 어둠으로써 밝음을 드러내듯 서로 오고감에 서로의 원인이 되니, 서른여섯 가지로 짝을 묶어 바로 보는 법도 이와 같다.

혜능 대사께서 열 명의 제자에게 말씀하셨다.

"이 뒤로 법을 전함에 서로 이 단경을 가르치고 '본디 종지'를 잃어서는 안 되니, 단경을 받아들이지 않는다면 나의 종지가 아니기 때문이다. 이제 법을 얻었다면 후대에 끊어지지 않게 이 법을 알려야 한다. 단경을 만난 사람은 내게 몸소 법을 받는 것과 같다."

열 명의 제자가 가르침을 받아 단경을 사경하고 후대에 끊어지지 않게 이 법을 널리 알리게 되니, 이 단경의 법을 얻은 사람은 반드시 '참 성품'을 볼 것이다.

眞假

大師 先天二年八月三日滅度. 七月八日 喚門人告別. 大師先天
대사 선천이년팔월삼일멸도 칠월팔일 환문인고별 대사선천

元年 於新州國恩寺 造塔 至先天二年七月告別 大師言.
원년 어신주국은사 조탑 지선천이년칠월고별 대사언

汝衆 近前. 吾至八月 欲離世間.
여중 근전 오지팔월 욕리세간

汝等 有疑早問. 爲汝破疑 當令迷者盡 使汝安樂.
여등 유의조문 위여파의 당령미자진 사여안락

吾若去後 無人敎汝.
오약거후 무인교여

法海等衆僧 聞已 涕淚悲泣 唯有神會 不動亦不悲泣. 六祖言.
법해등중승 문이 체루비읍 유유신회 부동역불비읍 육조언

神會小僧 却得善不善等 毀譽不動. 餘者不得 數年山中 更修何
신회소승 각득선불선등 훼예부동 여자부득 수년산중 갱수하

道. 汝今悲泣 更有阿誰. 憂吾不知去處在.
도 여금비읍 갱유아수 우오부지거처재

170

28장. 진실과 거짓을 가리는 게송

혜능 대사께서 서기 713년 8월 3일 입적하셨다. 입적하시기 전 7월 8일 제자들을 불러 이별을 알렸다. 대사께서는 712년 미리 신주 국은사에 탑을 조성하고 713년 7월에 세상 떠날 준비를 하며 말씀하셨다.

"그대들은 가까이 오너라. 나는 팔월이 되면 세상을 떠날 것이다. 그대들이 공부에 의심이 있거든 빨리 물어야 한다. 그대들의 의심을 없애 어리석음이 사라지게 하여, 그대들로 하여금 편안하고 행복하게 하리라. 내가 세상을 떠난 뒤에 제대로 그대들에게 법을 가르쳐 줄 사람은 없다."

법해와 모든 대중이 그 말을 듣고 다 눈물을 흘렸지만 오직 신회만 동요하지 않고 눈물도 흘리지 않았다. 육조 스님께서 말씀하셨다.

"어린 신회만이 좋거나 나쁜 일, 칭찬과 비방에도 흔들리지 않는구나! 나머지는 그렇지 못하니 여러 해 이 산중에 있으면서 무슨 도를 닦았느냐? 그대들이 지금 슬피 우는 건 도대체 누구를 걱정해서인가? 내가 '나' 가는 곳을 알지 못할까봐 걱정하고 있는가?"

若不知去處 終不別汝.
약 부 지 거 처 종 불 별 여

汝等悲泣 卽不知吾去處. 若知去處 卽不悲泣.
여 등 비 읍 즉 부 지 오 거 처 약 지 거 처 즉 불 비 읍

性體 無生無滅 無去無來.
성 체 무 생 무 멸 무 거 무 래

汝等 盡坐. 吾與汝一偈 眞假動靜偈 汝等盡誦取.
여 등 진 좌 오 여 여 일 게 진 가 동 정 게 여 등 진 송 취

見此偈意 汝與吾同 依此修行 不失宗旨.
견 차 게 의 여 여 오 동 의 차 수 행 불 실 종 지

僧衆禮拜 請大師留偈 敬心受持. 偈曰
승 중 예 배 청 대 사 류 게 경 심 수 지 게 왈

一切無有眞 不以見於眞
일 체 무 유 진 불 이 견 어 진

若見於眞者 是見盡非眞.
약 견 어 진 자 시 견 진 비 진

172

"만약 내가 가는 곳을 알지 못한다면 결코 그대들에게 마지막 일을 미리 알리지도 못하였을 것이다. 그대들이 슬피 우는 것은 그대들이 내가 가는 곳을 알지 못하고 있기 때문이다. 만약 그대들이 내가 갈 곳을 안다면 절대 슬피 울지 않았을 것이다."

"법성法性의 바탕은 본디 나고 죽는다든지 오고 갈 것이 없다. 그대들은 모두 앉아라. 내가 그대들에게 진실과 거짓을 가리는 '진가동정게 眞假動靜偈' 게송 한 수를 말해 줄 것이니, 그대들 모두 이 게송을 외워 지녀라. 이 게송의 뜻을 알고 보면 그대들은 나와 똑같을 것이요, 이 게송에 의지하고 수행하면 본디 종지를 잃지 않을 것이다."

대중들이 모두 육조 스님께 큰절을 올리며 게송 일러 주기를 간청하고 존경하는 마음으로 이 게송을 받아 지니었다. 육조 스님께서 게송으로 말씀하셨다.

온갖 모습 알고 보면 진실 아니니
진실이란 보는 것이 아니기 때문
참된 실체 보았다고 말을 한다면
이런 견해 어떤 것도 진실 아니다.

若能自有眞　離假卽心眞
약능자유진　이가즉심진

自心不離假　無眞何處眞.
자심불리가　무진하처진

有情卽解動　無情卽不動
유정즉해동　무정즉부동

若修不動行　同無情不動.
약수부동행　동무정부동

若見眞不動　動上有不動
약견진부동　동상유부동

不動是不動　無情無佛種.
부동시부동　무정무불종

能善分別相　第一義不動
능선분별상　제일의부동

若悟作此見　則是眞如用.
약오작차견　즉시진여용

자신한테 딴 진실이 있다고 하여
거짓 떠난 마음이라 집착한다면
참마음은 거짓 모습 떠나질 않아
진실 없이 어느 곳에 참 있겠는가.

유정물은 분별 있어 움직이지만
무정물은 움직임이 전혀 없으니
움직이지 않는 수행 '도'라 닦으면
나무 바위 무정물과 같아지리라.

흔들리지 않는 마음 보고자 하면
쓰는 마음 그 자리에 고요한 마음
움직임이 전혀 없고 분별이 없어
부처님의 씨앗이라 할 게 없으리.

온갖 모습 집착 없이 분별하는 힘
흔들림이 전혀 없는 최고의 이치
깨달아서 이런 견해 갖게 된다면
그 자리서 진여 쓰임 있게 되리라.

報諸學道者　努力須用意
보제학도자　노력수용의

莫於大乘門　却執生死智.
막어대승문　각집생사지

前頭人相應　卽共論佛語
전두인상응　즉공론불어

若實不相應　合掌令歡喜.
약실불상응　합장영환희

此敎本無諍　無諍失道意
차교본무쟁　무쟁실도의

執迷諍法門　自性入生死.
집미쟁법문　자성입생사

도 배우는 사람에게 알려주노니
노력하고 노력하여 마음을 쓰되
대승의 문 들어가려 공부하면서
분별 속의 생사 지혜 집착 말아라.

옛 스님의 마음자리 서로 통하면
같이 앉아 부처님 뜻 헤아려보고
서로 뜻이 일치하지 않았더라도
두 손 모아 그 자리서 기쁘게 하리.

이 가르침 본래부터 다툼이 없어
도 잃을까 다툴 일이 전혀 없으니
어리석음 집착하여 법을 다투면
그 자성이 생사윤회 들어가리라.

傳偈

衆僧 旣聞 識大師意 更不敢諍 依法修行.
중승 기문 식대사의 갱불감쟁 의법수행

一時禮拜 卽知大師 不永住世 上座法海向前言.
일시예배 즉지대사 불영주세 상좌법해향전언

大師 大師去後 衣法 當付何人.
대사 대사거후 의법 당부하인

大師言.
대사언

法卽付了 汝不須問. 吾滅後二十餘年 邪法撩亂 惑我宗旨
법즉부료 여불수문 오멸후이십여년 사법요란 혹아종지

有人出來 不惜身命 定佛教是非 竪立宗旨 卽是吾正法.
유인출래 불석신명 정불교시비 수립종지 즉시오정법

衣不合傳. 汝不信 吾與誦先代五祖傳衣付法頌.
의불합전 여불신 오여송선대오조전의부법송

若據第一祖達磨頌意 卽不合傳衣 聽. 吾與汝誦.
약거제일조달마송의 즉불합전의 청 오여여송

29장. 법을 전하는 게송

대중들이 '진실과 거짓을 가리는 게송'을 다 듣고 육조 대사의 뜻을 알고 다시는 다툼이 없이 그 법에 의지하고 수행하기로 하였다. 동시에 다함께 절을 올리고 나서 육조 대사께서 이 세상에 오래 머물지 않으실 것을 알고 있었으므로 상좌 법해가 앞으로 나와 여쭈었다.

"큰스님이시여, 큰스님께서 세상을 떠나신 뒤 가사와 법을 누구에게 전하실 것입니까?"

육조 대사께서 말씀하셨다.
"법은 이미 전했으니 그대들은 묻지 말아야 한다. 내가 세상을 떠난 뒤 이십여 년 동안 삿된 법이 나의 종지를 어지럽히겠지만, 어떤 사람이 목숨조차 돌보지 않고 부처님의 가르침이 옳고 그른지를 가려 종지를 세우리니, 곧 이것이 나의 바른 법이다. 그러므로 가사를 전한다는 것은 옳지 않다. 그대가 믿지 못한다면 내가 선대 다섯 분의 조사께서 가사와 법을 전한 게송을 읊어 주리라. 첫 번째 달마 조사 게송의 뜻에 의거하면 가사를 전하는 것은 옳지 않으니, 잘 들어라. 내가 그대에게 게송을 읊어 주리라."

頌曰.
송 왈

第一祖 達磨和尙 頌曰
제 일 조 달 마 화 상 송 왈

吾本來唐國 傳教救迷情
오 본 래 당 국 전 교 구 미 정

一花開五葉 結果自然成.
일 화 개 오 엽 결 과 자 연 성

第二祖 惠可和尙 頌曰
제 이 조 혜 가 화 상 송 왈

本來緣有地 從地種花生
본 래 연 유 지 종 지 종 화 생

當本元無地 花從何處生.
당 본 원 무 지 화 종 하 처 생

第三祖 僧璨和尙 頌曰
제 삼 조 승 찬 화 상 송 왈

花種雖因地 地上種花生
화 종 수 인 지 지 상 종 화 생

花種無生性 於地亦無生.
화 종 무 생 성 어 지 역 무 생

게송은 다음과 같다.

제 1조 달마 스님께서 게송으로 말씀하셨다.

내가 본래 당나라로 찾아 온 뜻은
중생들을 가르쳐서 제도하는 일
한 꽃에서 꽃잎 피워 다섯 잎 되고
그 결과로 나의 뜻이 완성되리라.

제 2조 혜가 스님께서 게송으로 말씀하셨다.

본래부터 땅이 있는 그 인연으로
땅속에다 뿌린 씨앗 꽃피게 되나
본디부터 땅이라는 존재 없다면
꽃이란 것 어디에서 생겨나리오.

제 3조 승찬 스님께서 게송으로 말씀하셨다.

저 꽃씨가 비록 땅에 인연을 맺어
땅 위에서 싹터 꽃을 피운다 해도
꽃씨에는 생멸하는 성품이 없고
땅에서도 생멸하는 성품이 없다.

第四祖 道信和尙 頌曰
제 사 조 도 신 화 상 송 왈

花種有生性 因地種花生
화 종 유 생 성 인 지 종 화 생

先緣不和合 一切盡無生.
선 연 불 화 합 일 체 진 무 생

第五祖 弘忍和尙 頌曰
제 오 조 홍 인 화 상 송 왈

有情來下種 無情花卽生
유 정 래 하 종 무 정 화 즉 생

無情¹又無種 心地亦無生.
무 정 우 무 종 심 지 역 무 생

第六祖 惠能和尙 頌曰
제 육 조 혜 능 화 상 송 왈

心地含情種 法雨卽花生
심 지 함 정 종 법 우 즉 화 생

自悟花情種 菩提果自成.
자 오 화 정 종 보 리 과 자 성

---

1. 앞구절 무정無情은 중생의 영역에서 유정有情과 상대되는 시비분별 속에서 말하는
무정이요, 뒷구절 무정은 부처님의 영역에서 인과를 뛰어넘어 시비분별을 초월한
자리에서 말하는 무정이다. 이 장을 강설한 '오조 스님의 법을 전하는 게송'편 참조.

제 4조 도신 스님께서 게송으로 말씀하셨다.

꽃씨에는 생멸하는 성품이 있어
인연 땅에 뿌린 씨앗 꽃이 피지만
먼저 인연 어우러져 있지 않다면
어떤 것도 빠짐없이 생멸 없으리.

제 5조 홍인 스님께서 게송으로 말씀하셨다.

중생들이 찾아 와서 씨앗 뿌리니
정情이 없는 그곳에서 꽃이 피지만
정情도 없고 씨도 없는 그 마음자리
부처님의 마음자린 생멸이 없네.

제 6조 혜능 스님께서 게송으로 말씀하셨다.

마음 땅에 중생 종자 머금고 있어
법法 비 맞고 때맞추어 꽃이 피기에
종자에서 꽃 피운 걸 스스로 아니
깨달음의 그 열매가 저절로 맺네.

能大師言. 汝等 聽吾作二頌.
능 대 사 언   여 등   청 오 작 이 송

取達磨和尙頌意 汝迷人 依此頌修行 必當見性.
취 달 마 화 상 송 의   여 미 인   의 차 송 수 행   필 당 견 성

第一頌 曰
제 일 송   왈

心地邪花放 五葉逐根隨
심 지 사 화 방   오 엽 축 근 수

共造無明業 見被業風吹.
공 조 무 명 업   견 피 업 풍 취

第二頌 曰
제 이 송   왈

心地正花放 五葉逐根隨
심 지 정 화 방   오 엽 축 근 수

共修般若慧 當來佛菩提.
공 수 반 야 혜   당 래 불 보 리

六祖說偈已了. 放衆生散. 門人 出外思惟 卽知大師 不久住世.
육 조 설 게 이 료   방 중 생 산   문 인   출 외 사 유   즉 지 대 사   불 구 주 세

184

혜능 대사께서 말씀하셨다.

"그대들은 내가 지은 두 게송을 들어라. 달마 스님 게송의 뜻을 취하여 말할 것이니, 어리석은 그대들이 이 게송을 의지하고 수행하면 반드시 '참 성품'을 보리라."

첫 번째 게송에서 말씀하셨다.

마음 땅에 삿된 꽃씨 뿌려 놓기에
다섯 잎이 그 뿌리를 따라 나와서
다들 함께 무명업보 지어나가니
무명업풍 부는 대로 맞게 된다네.

두 번째 게송에서 말씀하셨다.

마음 땅에 바른 씨앗 뿌려놓기에
다섯 잎이 그 뿌리를 따라 나와서
다들 함께 반야지혜 닦아 나가니
부처님의 깨달음을 얻게 되리라.

육조 스님께서 게송을 말씀하시고 나서 대중을 돌아가게 하였다. 밖으로 나온 제자들이 생각하니, 곧 대사께서 세상에 머무실 날이 오래 남지 않았다는 것을 알았다.

傳統

六祖 後至八月三日 食後 大師言.
육조 후지팔월삼일 식후 대사언

汝等著位坐 吾今共汝等別.
여등착위좌 오금공여등별

法海問言
법해문언

此頓敎法傳授 從上已來 至今幾代.
차돈교법전수 종상이래 지금기대

六祖言
육조언

初傳授七佛 釋迦牟尼佛 第七.
초전수칠불 석가모니불 제칠

30장. 과거 부처님부터 전해진 법통

육조 스님께서 팔월 초삼일이 되자 공양 끝에 말씀하셨다.
"그대들은 자리에 앉아라. 내가 이제 그대들과 작별하리라."

법해가 여쭈었다.
"이 '단숨에 깨닫는 가르침 돈교법'이 전해진 것이 위로부터 지금까지
몇 대에 걸쳐 내려온 것입니까?"

육조 스님께서 말씀하셨다.
"처음은 과거 일곱 부처님께 전해졌는데, 석가모니 부처님이 일곱 번
째이시다."

大迦葉第八 阿難第九 末田地第十 商那和修第十一 優婆掬多第
대 가 섭 제 팔 아 난 제 구 말 전 지 제 십 상 나 화 수 제 십 일 우 바 국 다 제

十二 提多迦第十三 佛陀難提十四 佛陀蜜多第十五 脇比丘第十
십 이 제 다 가 제 십 삼 불 타 난 제 십 사 불 타 밀 다 제 십 오 협 비 구 제 십

六 富那奢第十七 馬鳴第十八 毗羅長者第十九 龍樹第二十 迦
육 부 나 사 제 십 칠 마 명 제 십 팔 비 라 장 자 제 십 구 용 수 제 이 십 가

那提婆第卄一 羅睺羅第卄二 僧迦耶提第卄三 僧迦耶舍第卄四
나 제 바 제 입 일 라 후 라 제 입 이 승 가 야 제 제 입 삼 승 가 야 사 제 입 사

鳩摩羅馱第卄五 闍耶多第卄六 婆修盤多第卄七 摩拏羅第卄八
구 마 라 타 제 입 오 사 야 다 제 입 육 바 수 반 다 제 입 칠 마 나 라 제 입 팔

鶴勒那第卄九 師子比丘第卅 舍那婆斯第卅一 優婆堀第卅二 僧
학 륵 나 제 입 구 사 자 비 구 제 삽 사 나 바 사 제 삽 일 우 바 굴 제 삽 이 승

迦羅第三十三 須婆蜜多第三十四 南天竺國王子第三子菩提達
가 라 제 삼 십 삼 수 바 밀 다 제 삼 십 사 남 천 축 국 왕 자 제 삼 자 보 리 달

磨第三十五 唐國僧惠可第三十六 僧璨第三十七 道信第三十八
마 제 삼 십 오 당 국 승 혜 가 제 삼 십 육 승 찬 제 삼 십 칠 도 신 제 삼 십 팔

弘忍第三十九
홍 인 제 삼 십 구

惠能自身當今受法第四十
혜 능 자 신 당 금 수 법 제 사 십

大師言. 今日已後 遞相傳授 須有依約 莫失宗旨.
대 사 언 금 일 이 후 체 상 전 수 수 유 의 약 막 실 종 지

8조 대가섭	9조 아난
10조 말전지	11조 상나화수
12조 우바국다	13조 제다가
14조 불타난제	15조 불타밀다
16조 협비구	17조 부나사
18조 마명	19조 비라장자
20조 용수	21조 가나제바
22조 라후라	23조 승가야제
24조 승가야사	25조 구마라타
26조 사야다	27조 바수반다
28조 마나라	29조 학륵나
30조 사자비구	31조 사나바사
32조 우바굴제	33조 승가라
34조 수바밀다	35조 남천축국 왕자 셋째 아들 보리달마
36조 당나라 스님 혜가	37조 승찬
38조 도신	39조 홍인

"나 혜능은 지금 법을 받은 제 40조가 된다."

육조 대사께서 말씀하셨다.
"오늘부터 서로 법을 전하여 의지하고 믿어서 종지를 잃지 마라."

眞佛

法海又白
법해우백

大師今去 留付何法 令後代人 如何見佛.
대사금거 유부하법 영후대인 여하견불

六祖言. 汝聽. 後代迷人 但識衆生 卽能見佛.
육조언 여청 후대미인 단식중생 즉능견불

若不識衆生 覓佛萬劫 不得見也.
약불식중생 멱불만겁 부득견야

吾今敎汝 識衆生 見佛 更留見眞佛解脫頌.
오금교여 식중생 견불 갱류견진불해탈송

迷卽不見佛 悟者卽見.
미즉불견불 오자즉견

法海願聞 代代流傳 世世不絶.
법해원문 대대유전 세세부절

190

31장. 자성의 '참 부처님'이 해탈

법해가 또 여쭈었다.

"큰스님께서 이제 가시면 무슨 법을 남겨 후대 사람으로 하여금 어떻게 부처님을 보게 하시렵니까?"

육조 대사께서 말씀하셨다.

"그대는 잘 들어라. 뒷날 어리석은 사람들도 단지 중생의 실체만 알면 곧 부처님을 볼 수 있으니, 만약 중생의 실체를 모른다면 부처님을 찾아도 영원토록 찾을 수가 없다. 내 이제 그대가 중생의 실체를 알고 부처님 보는 법을 가르치고, 다시 '참다운 부처님을 보는 해탈의 노래'를 남기겠다. 어리석어서 부처님을 보지 못하지 깨달은 사람은 부처님을 본다."

법해는 법문을 듣고 대대손손 그 법이 알려져 세세생생 이 세상에서 끊어지지 않기를 원하였다.

六祖言.
육조언

汝聽. 吾與汝說. 後代世人 若欲覓佛 但識自心衆生.
여청 오여여설 후대세인 약욕멱불 단식자심중생

卽能識佛. 卽緣有衆生 離衆生無佛心.
즉능식불 즉연유중생 이중생무불심

迷卽佛衆生 悟卽衆生佛. 愚癡佛衆生 智慧衆生佛.
미즉불중생 오즉중생불 우치불중생 지혜중생불

心險佛衆生 平等衆生佛. 一生心若險 佛在衆生中
심험불중생 평등중생불 일생심약험 불재중생중

一念悟若平 卽衆生自佛. 我心自有佛 自佛是眞佛.
일념오약평 즉중생자불 아심자유불 자불시진불

自若無佛心 向何處求佛.
자약무불심 향하처구불

大師言.
대사언

汝等門人 好住. 吾留一頌 名自性眞佛解脫頌.
여등문인 호주 오류일송 명자성진불해탈송

後代迷人 聞此頌意 卽見自心自性眞佛 與汝此頌 吾共汝別.
후대미인 문차송의 즉견자심자성진불 여여차송 오공여별

육조 대사께서 말씀하셨다.

"그대는 잘 들어라. 내가 그대에게 설하리라. 뒷날 세상 사람들이 부처님을 찾고자 한다면 다만 자기 마음에 있는 중생의 실체를 알 뿐이다. 그러면 여기서 곧 부처님을 알 수 있다. 곧 중생이 있음을 인연하여 부처님이 있으므로, 중생의 마음을 떠나서 부처님의 마음이 따로 없기 때문이다."

"미혹하니 부처님이 중생이요, 깨달으니 중생이 부처님이다. 어리석으니 부처님이 중생이요, 지혜로우니 중생이 부처님이다. 마음이 삐뚤어지니 부처님이 중생이요, 마음이 평등하니 중생이 부처님이다. 한평생 마음이 삐뚤어지면 부처님이 중생 속에 있지만, 한 생각 깨쳐 평등하면 곧 중생이 저절로 부처님이 된다. 내 마음에 본디 부처님이 있으니, 자신의 부처님이 진짜 부처님이다. 자신에게 부처님의 마음이 없다면 어느 곳에서 부처님을 찾겠느냐?"

또 육조 대사께서 말씀하셨다.

"제자들이여 잘 살아라. 내가 '자성의 참 부처님이 해탈'이라는 게송 한 수를 남기겠다. 뒷날 어리석은 사람도 이 게송의 뜻을 들으면, 곧 자신의 마음에 있는 '자성의 참 부처님'을 볼 것이니, 그대들에게 이 게송을 주고 나는 그대들과 작별하리라."

頌曰
송 왈

眞如淨性是眞佛　邪見三毒是眞魔
진여정성시진불　사견삼독시진마

邪見之人魔在舍　正見之人佛則過
사견지인마재사　정견지인불즉과

性中邪見三毒生　卽是魔王來住舍
성중사견삼독생　즉시마왕래주사

正見自除三毒心　魔變成佛眞無假
정견자제삼독심　마변성불진무가

化身報身及淨身　三身元本是一身
화신보신급정신　삼신원본시일신

若向身中覓自見　卽是成佛菩提因
약향신중멱자견　즉시성불보리인

本從化身生淨性　淨性常在化身中
본종화신생정성　정성상재화신중

性使化身行正道　當來圓滿眞無窮
성사화신행정도　당내원만진무궁

194

게송으로 말씀하셨다.

진여자성 맑은 성품 이대로가 참 부처님
삿된 견해 탐욕 성냄 그대로가 진짜 마군
삿된 견해 지닌 사람 마구니가 집을 삼고
바른 견해 지닌 사람 부처님도 초월하네.

성품 속에 삿된 견해 삼독심이 일어나면
바로 즉시 마구니가 거기 와서 머물지만
정견으로 탐욕 성냄 어리석음 사라지면
마구니가 부처 되니 진실하고 거짓 없네.

맑은 법신 원만보신 중생 따라 온갖 화신
이 세 몸이 다르지만 본디 근본 한 몸이니
몸 가운데 스스로가 보는 이치 찾는다면
부처님이 될 수 있는 깨달음의 자리로세.

본래부터 화신에서 맑은 성품 생겨나니
맑은 성품 늘 언제나 화신 속에 들어있고
맑은 성품 화신에게 바른 도를 행하게 해
오롯한 삶 이루어져 참된 진리 끝이 없네.

婬性本身淸淨因　除婬卽無淨性身
음 성 본 신 청 정 인　제 음 즉 무 정 성 신

性中但自離五欲　見性刹那卽是眞.
성 중 단 자 이 오 욕　견 성 찰 나 즉 시 진

今生若悟頓敎門　悟卽眼前見世尊
금 생 약 오 돈 교 문　오 즉 안 전 견 세 존

若欲修行云覓佛　不知何處欲求眞.
약 욕 수 행 운 멱 불　부 지 하 처 욕 구 진

若能身中自有眞　有眞卽是成佛因
약 능 신 중 자 유 진　유 진 즉 시 성 불 인

自不求眞外覓佛　去覓惣是大癡人.
자 불 구 진 외 멱 불　거 멱 총 시 대 치 인

頓敎法門今已留　救度世人須自修
돈 교 법 문 금 이 류　구 도 세 인 수 자 수

今報世間學道者　不依此是大悠悠.
금 보 세 간 학 도 자　불 의 차 시 대 유 유

'음란 성품' 본디 몸의 맑은 성품 '인성'이기에
본래 음욕 제거하곤 청정한 몸 될 리 없어
스스로가 온갖 욕심 여읜 자리 그 성품 속
'참 성품'을 보는 찰나 모든 것이 진여니라.

이번 생에 돈교라는 이 가르침 깨달으면
깨닫고는 눈앞에서 부처님을 보지마는
수행해서 부처님을 찾으려는 마음내면
어디에서 '참 부처님' 찾을 건지 모르겠네.

몸 가운데 본디 절로 부처님이 있다하면
'참 부처님' 있었으니 성불하는 씨앗이라
자신한테 찾지 않고 바깥 부처 찾는다고
찾는 마음 일으키면 이 모두가 어리석다.

돈교라는 이 가르침 이제 여기 남겼으니
세상 사람 건지려면 자신부터 수행하라
도를 닦는 세상 사람 모두에게 알리노니
여기 의지 않는다면 공부 길은 멀고 멀다.

滅度

大師說偈已了 遂告門人曰.
대사설게이료 수고문인왈

汝等 好住. 今共汝別 吾去已後 莫作世情悲泣 而受人弔問錢帛
여등 호주 금공여별 오거이후 막작세정비읍 이수인조문전백

著孝衣 卽非聖法 非我弟子.
착효의 즉비성법 비아제자

如吾在日一種 一時端坐 但無動無靜 無生無滅 無去無來 無是
여오재일일종 일시단좌 단무동무정 무생무멸 무거무래 무시

無非 無住無往 坦然寂靜 卽是大道.
무비 무주무왕 탄연적정 즉시대도

吾去已後 但依法修行 共吾在日一種.
오거이후 단의법수행 공오재일일종

吾若在世 汝違敎法 吾住無益.
오약재세 여위교법 오주무익

32장. 육조 스님께서 세상을 떠나다

육조 대사께서 게송을 말씀하신 뒤 제자들에게 당부하셨다.

"그대들은 잘 살아라. 지금 그대들과 작별하리니, 내가 세상을 떠난 뒤에 그대들이 세상 사람처럼 슬피 울면서 조문이나 조의금을 받는다거나 상복을 입는다면 이는 거룩한 법도가 아니요, 나의 제자가 아니다."

"내가 평상시 살던 것처럼 다함께 단정히 앉아 있되, 다만 이 자리는 흔들릴 마음도 없고 고요할 마음도 없으며, 어떤 마음이 생겨날 것도 없어질 것도 없으며, 오고 가는 마음도 없고 시비하는 마음도 없으며, 집착하여 머무는 마음이나 가야 할 마음도 없어 더 없이 편안하고 고요한 마음이니 곧 이것이 '대도大道'이다."

"내가 세상을 떠난 뒤 오직 단경의 법에 의지하고 수행하면 나와 함께 살던 날과 똑같으리라. 내가 세상에 있더라도 그대들이 가르친 법에 어긋나게 살면, 내가 살아 있어도 그대들에게 아무런 이익이 없다."

大師云此語已 夜至三更 奄然遷化 大師春秋七十有六.
대사운차어이 야지삼경 엄연천화 대사춘추칠십유육

大師滅度之日
대사멸도지일

寺內異香氳氳 經數日不散
사내이향온온 경수일불산

山崩地動 林木變白 日月無光 風雲失色.
산붕지동 임목변백 일월무광 풍운실색

八月三日 滅度 至十一月 迎和尙神座 於曹溪山葬
팔월삼일 멸도 지십일월 영화상신좌 어조계산장

在龍龕之內 白光出現 直上衝天 二日始散.
재용감지내 백광출현 직상충천 이일시산

韶州刺使 韋璩 立碑 至今供養.
소주자사 위거 입비 지금공양

육조 대사께서 이 말씀을 마치시고 늦은 밤 삼경에 홀연 입적하시니, 그때 연세가 일흔 여섯이었다.

대사께서 돌아가신 날, 절 안은 매우 향기로운 '향 내음'이 가득하여 여러 날이 지나도 흩어지지 않았고, 산이 무너지고 땅이 흔들리는 큰 소리가 났으며, 숲과 나무가 하얗게 변하고 해와 달에 밝은 광명이 없었으며 바람은 고요하고 오색구름마저 빛깔을 잃었다.

팔월 초삼일에 돌아가시고 동짓달에 이르러 큰스님의 영구를 모시어 조계산에서 장례를 모시니, 큰스님의 육신을 모셔둔 용감龍龕 속에서 흰 빛이 뻗어 나와 곧장 하늘 위로 솟구치다가 이틀 뒤에야 비로소 그 빛이 없어졌다.

소주 자사 위거는 '비碑'를 세웠고, 후학들은 큰스님께 지금까지도 공양을 올리고 있다.

後記

此壇經 法海上座集.
차 단 경 법 해 상 좌 집

上座無常 付同學道漈 道漈無常 付門人悟眞
상 좌 무 상 부 동 학 도 제 도 제 무 상 부 문 인 오 진

悟眞在嶺南曹溪山法興寺 見今傳授此法.
오 진 재 영 남 조 계 산 법 흥 사 견 금 전 수 차 법

如付此法 須得上根智. 心信佛法 立大悲 持此經 以爲依承 於今
여 부 차 법 수 득 상 근 지 심 신 불 법 입 대 비 지 차 경 이 위 의 승 어 금

不絶. 和尙 本是韶州曲江縣人也.
부 절 화 상 본 시 소 주 곡 강 현 인 야

如來入涅槃 法敎流東土 共傳無住 卽我心無住.
여 래 입 열 반 법 교 류 동 토 공 전 무 주 즉 아 심 무 주

此眞菩薩 說眞宗 行實喩 唯敎大智人 是旨依.
차 진 보 살 설 진 종 행 실 유 유 교 대 지 인 시 지 의

202

33장. 후기

이 '단경'은 제자 법해가 육조 스님의 법문을 모아놓은 것이다. 법해 스님이 입적하자 같이 공부한 도제 스님에게 이 단경을 전하였고, 도제 스님이 입적하자 제자 오진 스님에게 전하였으며, 오진 스님은 영남 조계산 법흥사에서 지금 이 단경의 법을 전하고 있다.

이 법을 전하려면 상근기를 만나야 한다. 그들은 부처님의 법을 믿고 크나큰 자비로써 이 경을 지니고 의지하며 이어갔기 때문에 지금도 이 법의 전승이 끊어지지 않았다. 법해 스님은 본래 소주 곡강현 사람이었다.

여래께서 열반에 들고 그 법의 가르침이 동쪽 땅으로 흘러와 모두 함께 '머물러 집착할 것이 없는 법'을 전하니, 이는 곧 내 마음이 '집착하여 머무를 법이 없다'는 뜻이었다.

이 진정한 보살이 참다운 종지를 설하고 진실한 비유를 드러내어 오직 크게 지혜로운 사람만 가르쳤으니, 이것은 근본 뜻에 의지한 것이다.

凡度誓修修行行 遭難不退 遇苦能忍 福德深厚 方授此法.
범도서수수행행 조난불퇴 우고능인 복덕심후 방수차법

如根性不堪 材量不得 須求此法 違律不德者 不得妄付壇經.
여근성불감 재량부득 수구차법 위율부덕자 부득망부단경

告諸同道者 令知密意.
고제동도자 영지밀의

무릇 중생 제도하기를 맹세하고 수행하면서, 어려움을 만나도 물러서지 않고 괴로움을 당해도 참아내며 복덕이 깊고 두터워야, 비로소 이 법을 전하는 것이다. 만약 근기와 성품이 이 법을 감내하지 못할 재목이고 재주와 도량이 부족한 사람인데도, 반드시 이 법을 구하겠다고 욕심만 내며 계율이나 어기고 덕스럽지 못한 사람이라면, 이 '단경'을 망령되게 전해서는 안 된다.

같은 길로 공부하는 모든 수행자들에게 이 속 깊은 뜻을 알리노라.

2부

법보단경 강설

법을 얻게 된 인연

육조 스님이 장터에서 '그 어디에도 집착하지 말아야 한다[應無所住而生其心]'는 말을 듣기 전에는 나무꾼이었습니다. 나무를 팔다가 우연히 이 말을 듣고 깨달음을 얻은 스님은 법을 구하러 오조 홍인 대사를 찾아가게 됩니다.

나는 땔나무 값을 받고 가게에서 나오다가 『금강경』을 읽고 있는 손님을 보게 되었다. 나는 손님이 읽고 있던 '그 어디에도 집착하지 말아야 한다[應無所住而生其心]'는 내용을 한 번 듣고 그때 바로 마음이 밝아져 깨달았다.

'응무소주이생기심應無所住而生其心'은 한마디로 '집착하지 말아야 한다'는 것입니다. '무소주無所住'는 '무주無住'와 같습니다. '머무는 마음이 없다'는 '무주無住'는 머물러 집착할 마음이 없다는 뜻입니다. '응무소주이생기심'을 '머무는 바 없이 그 마음을 내야 한다'고 한문 원문 그대로 번역하기도 하는데, 백련암 큰스님께서는 이 번역이 잘못되었다고 하셨습니다. 왜냐하면 '머무는 바 없이 그 마음을 내야 한다'고 하면 그 마음을 내는 사람이 아직 남아 있기 때문입니다. 정말 집착이 없는 마음은 '아상'이 없기에 그 마음을 내는 사람도 없습니다. 정말 집착이 없는 마음이 부처님 마음이지요. 큰스님께서는 '집착 없는 그 자리에서 흘러나오는 바로 그 마음'을 써야 한다고 말씀하셨습니다.

『원각경』에도 보면 "원각에서 부처님 공덕이 흘러나온다."라고 했습니다. 공덕이 저절로 흘러나오는 것입니다. 집착이 없으면 '너', '나'라고 하는 시비 대상이 사라진 마음자리만 남기 때문에 그 마음자리에서 자동적으로 부처님의 공덕이 흘러나오고 부처님의 지혜가 흘러나오는 것입니다. '그 어디에도 집착하지 않는 마음'이 바로 '부처님의 마음'입니다.

우리는 참선이나 기도, 간경看經을 통해서 부처님 마음자리를 가져보아야 합니다. 말로만 듣는 것과 수행을 통해 마음을 열어가며 듣는 것은 하늘과 땅 차이가 있습니다. 불자들은 기도하지 않으면 안 됩니다. 참선하지 않으면 안 됩니다. 부처님 경전을 보지 않으면 안 됩니다. 기도와 참선, 간경을 공부한다고 이야기하지요. 이 공부가 우리의 행복입니다. 이 공부를 통해 우리는 잘못 살고 있는 세상을 벗어나 부처님 세상, 행복한 세상으로 갈 수 있기 때문입니다.

참선, 기도, 간경은 끊임없이 이어져야 합니다. 법문을 듣거나 경전을 읽으면서 그 근본 자리를 배우면, '중생의 시비분별을 끊어야겠다' 는 마음이 간절해져서, 평상시 생활하면서 시비분별 하는 내 생각이 일어나면 그 생각에 집착하지 않고 바라보려고 애쓰게 됩니다. 이러한 것이 수행입니다. 수행을 어렵게 생각할 필요가 없습니다. 좋은 버릇으로 길들여가는 것입니다. 절에 가서 기도하거나 선방에 들어가서 밤잠 안 자고 하는 용맹정진만이 수행이라 할 것은 아닙니다. 자신을 긍정해가면서 부처님처럼 행복하게 살아가는 것입니다. 그것이 바로 '참다운 수행'입니다.

존재하는 온갖 모습은 다 허망하다

"내 그대에게 변상도를 그리게 하지는 않겠지만 삼만 냥을 주어 멀리 찾아온 노고에 후하게 보답하겠다. 금강경에서 '무릇 존재하는 온갖 모습은 다 허망하다.'라고 하였으니, 이 게송을 붙여 두는 것만 못하리라."

『금강경』의 유명한 사구게 가운데 "존재하는 온갖 모습은 다 허망한 것이니, '온갖 모습'에서 '허망한 모습이 아닌 참 모습'을 보면 곧 여래를 보느니라.[凡所有相 皆是虛妄 若見諸相非相 卽見如來]"라는 구절이 있습니다. 홍인 대사가 "무릇 존재하는 온갖 모습은 다 허망하다."라고 한 것은 이 사구게의 '범소유상凡所有相 개시허망皆是虛妄'을 인용한 것입니다.

'범소유상'의 '소유상所有相'이란 이 세상에 존재하는 온갖 모습입니다. 이 세상에 존재하는 모든 모습은 다 허망한 것입니다. 여러분들 자신이 지금 갖고 있는 모습이 백년 뒤에는 어디가 있겠습니까? 지수

화풍 사대로 흩어지는 것입니다. 어디로 가는지 알 수가 없습니다. 가고 난 뒤에 찾으려면 찾지를 못합니다.

'무상게'를 보면 '겁화劫火'라는 용어가 나옵니다. '겁'은 영원하다는 뜻으로 세월 겁劫 자입니다. 우주의 불덩어리인 이 겁화가 한 번 이 세상을 스치고 지나가면 영원할 것만 같은 지구나 은하계는 물론 삼천대천세계가 모두 사라지는 것입니다.

존재하는 온갖 모습은 언젠가는 다 사라지니 영원토록 진실한 모습이 아니라 시시각각으로 변하는 가짜 모습입니다. 우리는 순간순간 변하는 가짜 인생을 살고 있는 것입니다. 변하지 않는 진짜 마음을 알기 전까지는 가짜 인생을 살고 있는 것입니다. 꼭두각시 같은 인생을 살고 있는 것입니다. 이런 꼭두각시 같은, 허깨비 같은 이 허망한 모습에서 거짓 모습이 아닌 참된 모습을 보면 비로소 그 자리에서 부처님을 보게 됩니다.

세상에 존재하는 온갖 모습은 다 허망하니 이 허망한 것에 집착하여 살아갈 필요가 있겠습니까? 이 허망한 모습이 아닌 진짜 모습이 우리에게 있습니다. 그것이 우리의 '참마음'입니다. 이 '참마음'이 부처님 성품입니다. 그것을 '깨달음'이라고 이야기합니다. 그 마음자리를 보는 순간 '즉견여래卽見如來' 곧 부처님을 보게 될 것입니다. 여래를 보게 될 것입니다.

도의 문안으로는 들어오지 못하였다

"그대가 지은 게송을 보니 도가 있는 문 앞에 도달했지만 아직 도의 문안으로는 들어오지 못하였다. 범부들이 이 게송을 의지하고 수행하면 삼악도에 떨어지지 않겠지만, 이런 견해로 '무상보리'를 찾는다면 얻을 수가 없다."

홍인 대사는 신수 스님의 게송을 외우면 삼악도에 떨어지지 않는다고 하였습니다. 육도윤회를 벗어나야 하는데 삼악도에 떨어지지 않는다고 한 것은 부처님 마음자리인 깨달음과 계합되지 않았다는 뜻이 숨어 있습니다. 그러므로 이 게송을 외우면 다른 것은 몰라도 삼악도에는 떨어지지 않는다고 오조 스님께서 말씀하신 것은, 사실 신수 스님의 게송을 인정하지 않는다는 뜻입니다. 그래서 홍인 대사는 신수 스님에게 "도가 있는 문 앞에 도달했지만 아직 도의 문안으로는 들어오지 못하였다. 이런 견해로 '무상보리'를 찾는다면 얻을 수가 없다."라고 합니다.

'무상보리'에서 '무상無上'이란 더 이상 높이 올라갈 것이 없다는 뜻이요, '보리'는 '깨달음'이니, '무상보리'란 더 이상 높이 올라갈 것이 없는 '최고의 깨달음'입니다. 이 최고의 깨달음이 부처님의 '도道'이고 부처님의 '법法'입니다. 그것을 알려면 도가 있는 문안으로 들어가야 하는데 문안에 들어가지 못했으므로 신수 스님은 '무상보리'를 찾을 수 없습니다. 무상보리를 이야기하려면 모름지기 말이 떨어지는 그 자리에서 자신의 본디 마음을 알고 자신의 본디 성품이 '아, 이거였구나!' 하고 알아야 합니다. 그러면서 자신의 본디 성품이 불생불멸임을 깨달아야 합니다.

육조 스님은 깨닫고 난 뒤 중생의 '몸'과 '마음'에 실체가 없음을 알았습니다. 중생의 몸과 마음은 임시로 인연이 모여 있을 뿐이지 그 근본을 들여다보면 '몸'도 없고 '마음'도 없어 어떤 실체가 없는 것입니다. 그냥 텅 비어 있는 그 자리, 그 마음자리는 여러분이 태어나기 전에도 그러했고, 여러분이 깨달으면 깨달은 그 마음자리도 그러하며, 우리가 죽고 나서도 그 마음자리는 변함없이 그러한 것입니다. 그 마음자리는 생겨난 적도 사라진 적도 없으니 불생불멸입니다.

중생의 온갖 시비분별이 사라져서 부처님 마음자리가 드러나게 되면 그 허공 같은 마음은 어떤 법이 오더라도 걸림 없이 감응을 합니다. 그래서 부처님의 마음자리를 가진 사람은 온갖 법에 걸리고 막히는 일이 없이, 그 법을 그대로 다 수용 하고 그 모든 법을 그대로 다 드러내니, 걸림 없는 도인으로 살아갑니다.

중생의 몸과 마음이 사라진 그 자리 그 마음이 바로 부처님 마음입니다. 그 '한마음'이 참되다고 하면, 그 마음이 참되게 있는 자리에서는 온갖 것이 와도 참된 마음이 일어날 수밖에 없습니다. 그래서 하나가 참되면 모든 것이 참되고 그 마음을 지니고 살면 온갖 경계가 저절로 여여한 것입니다. '온갖 경계가 여여하다'는 것은 시비분별이 사라진 부처님 마음이니, 온갖 경계를 보고 그 경계에 집착하지 않으면서 그 경계를 받아들여 그대로 부처님의 지혜광명을 내놓을 수 있는 힘이 있는 것입니다.

그 여여한 마음 그것이 본디 우리 마음입니다. 부처님을 여래라고 하지요. 여래라는 말은 '여여한 마음에서 오신 분'이라는 뜻입니다. 시비분별이 사라져 여여한 마음이 드러나게 되면 그 마음이 드러나는 자리가 부처님이 오신 곳입니다. 이 말을 바꿔 말하면 여러분이 깨달으면 여러분이 앉은 그 자리가 부처님께서 앉아 계신 자리라는 것입니다.

신수 스님과 육조 스님의 게송

신수 스님이 오조 스님의 말씀에 따라 게송을 지었습니다. 그런데 이 게송은 근본 마음자리에 부합하지는 못했습니다. 오도송悟道頌이 되지 못한 것이지요. 오도송이란 '부처님의 마음자리'를 깨달아서 저절로 흘러나오는 노래가 되어야 합니다.

> 身是菩提樹 心如明鏡臺 時時勤拂拭 莫使有塵埃
> 신 시 보 리 수   심 여 명 경 대   시 시 근 불 식   막 사 유 진 애
>
> 나의 몸은 깨달음을 얻는 나무요
> 내 마음은 밝은 거울 깨끗한 경계
> 몸과 마음 부지런히 털고 닦아서
> 티끌 번뇌 일어나지 않게 하리라.

신수 스님은 우리 몸을 '깨달음을 얻는 나무'에 비유하면서, 보리수처럼 깨달음을 얻어야 할 우리 몸도 있는 것이라고 전제합니다. 보리수

가 부처님에게 깨달음을 얻게 해준 것처럼, 이 몸이 있어야 이 몸을 통해 깨달음을 얻을 수 있다는 것입니다.

'명경'은 밝은 거울이며, '명경대'는 그 깨끗한 거울을 걸어 놓은 화장대 같은 것입니다. 우리 마음은 화장대에 걸려있는 밝은 거울 같다는 것이지요. 마음이라는 것은 화장대의 거울 같아서 거울처럼 마음을 열심히 닦아야 빛이 난다는 것입니다. 신수 스님은 중생의 '몸'과 '마음'이 있다고 전제하고 그 몸과 마음을 잘 닦아야 깨달음을 얻는다고 게송을 통해 밝히고 있습니다.

몸과 마음을 닦으려면 부지런히 공부해야겠지요. 그래서 '시시근불식時時勤拂拭'이라고 했습니다. '시시時時'를 '이따금'이라고 잘못 번역하기도 하는데 이따금 갈고 닦는다고 하면 앞뒤 문맥이 맞지 않습니다. '시시時時'는 '시시각각'과 같은 표현으로 '끊임없이 지속적'이라고 번역해야 맞습니다. 거울을 끊임없이 닦아야지 하루 이틀 쉬어가면서 가끔 닦으면 먼지가 쌓일 것입니다. '진애'는 티끌 먼지인데 불교에서는 중생의 번뇌를 뜻합니다. '막사유진애莫使有塵埃'는 티끌 먼지가 없게 하라 곧 '몸'과 '마음'을 쉬지 않고 부지런히 털고 닦아 번뇌를 일으키지 말라는 것입니다.

신수 스님은 이 게송에서 '몸과 마음을 닦아 가면 언젠가는 깨끗해질 것이며, 부지런히 닦아서 깨끗해진 몸과 마음, 그것이 바로 부처님의 마음이 아니겠는가, 부처님 몸이 아니겠는가'라고 하는 것이지요. 그런데 육조 스님은 이 게송을 듣자마자 신수 스님의 공부는 멀었다고 생각합니다. 그래서 자신의 견해를 드러내고자 육조 스님도 게송을 짓게 됩니다.

菩提本無樹　明鏡亦無臺　佛性常淸淨　何處有塵埃
보리본무수　명경역무대　불성상청정　하처유진애

깨달음은 잡혀지는 존재 아니고
밝은 마음 그 이름뿐 실체가 없네
불성이란 늘 언제나 맑고 깨끗해
어느 곳에 티끌 번뇌 있을 수 있나.

우리는 '깨달음'이라는 말은 굉장히 많이 들었지만 그 깨달음을 직접 본 적도 잡아본 적도 없을 것입니다. '깨달음'에 대해 이야기를 듣고 선지식을 찾아다니며 구하려 하나, 결코 쉽게 얻을 수 없습니다. '깨달음'이란 스스로 터득해서 그 자리에 들어가 본인만이 느끼고 알 뿐, 드러내 보여줄 수 있는 것이 아니기 때문입니다. 그러므로 전달해 줄 수도 없습니다.

육조 스님도 그 마음자리에 들어가 보니 깨달음이라고 드러낼 게 없는 것입니다. 그런데 신수 스님은 '깨달음'이란 그 무엇이 있는 걸로 생각하고 있습니다. 그래서 이 몸이 있어, 이 몸으로 깨달음을 얻는 것이니 부지런히 닦으라고 하는 것이지요. 진짜 깨달음이라고 하는 것은 깨달은 사람이 그냥 알 뿐이지 그걸 드러내서 설명한다거나 보여줄 수 없습니다. 깨달음에 대해서 이야기한다면 선지식이 중생들을 위해 억지로 방편 삼아 하는 것이지요.

그래서 깨달음을 달리 말해 '밝은 마음'이라 하기도 합니다. 그러나 이 '밝은 마음' 역시 찾으면 존재하지 않습니다. 이 마음이 밥 먹으면 배부르다고 하고, 때리면 아프다고 하고, 노란 걸 보면 노랗다고 하지만 이 알고 보고 느끼는 놈을 정작 찾으면 찾을 수가 없습니다.

이 마음은 이름만 '밝은 마음'이라고 붙였을 뿐 실체가 없기 때문입니다. 『덕이본 육조단경』에서는 '불성상청정佛性常淸淨'이란 구절 대신 '본래가 그 무엇도 있지 않는데[本來無一物]'라고 하였으니, 중생의 시비분별이 사라진 이 '밝은 마음'에는 그 무엇도 있지 않기 때문입니다. 이것이 부처님의 성품 곧 '불성佛性'입니다.

菩提本無樹　明鏡亦無臺　本來無一物　何處有塵埃
보리본무수　명경역무대　본래무일물　하처유진애

깨달음은 잡혀지는 존재 아니고
밝은 마음 그 이름뿐 실체가 없네
본래가 그 무엇도 있지 않는데
어느 곳에 일어날 번뇌 있을까.

신수 스님과 육조 스님의 이 게송은 선가에서 대단히 유명하고 중요하게 여기는 게송입니다. 신수 스님의 말씀처럼 몸과 마음을 부지런히 닦아 깨달아야 하는 것인지 아니면 육조 스님 말씀처럼 단박에 깨달아 부처님 마음자리를 이루어야 하는 것인지, 아직도 선가에서는 쟁점이 되고 있습니다.

그렇지만 중요한 것은 여러분의 수행입니다. 이 경전을 날마다 읽으며 그 뜻을 새겨 마음 닦으며 살아간다면, 게송에 담긴 육조 스님의 뜻을 제대로 알게 될 날이 올 것이고, 이렇게 알아가는 과정을 통하여 여러분 스스로 변하기 시작할 것입니다. 여러분의 마음에 깨달음의 종자를 심었기 때문이지요. 결국은 스스로 닦고 스스로 깨닫는 것입니다.

29장 강설

오조 스님의 법을 전하는 게송

'29장. 법을 전하는 게송'을 보면 달마 대사부터 육조 대사까지 법을 전한 게송이 나옵니다. 이 가운데 오조 홍인 대사가 혜능 스님에게 법을 전하면서 설한 게송을 보면 신수 스님과 육조 스님 게송에 대한 오조 스님의 견해를 알 수 있습니다. 먼저 오조 스님의 게송 앞 두 구절을 신수 스님 게송과 연관 지어 살펴보겠습니다.

> 有情來下種 無情花卽生
> 유정래하종 무정화즉생
>
> 중생들이 찾아 와서 씨앗 뿌리니
>
> 정情이 없는 그곳에서 꽃이 피지만

'정情'은 알음알이로서 중생의 시비분별을 뜻합니다. 그러므로 '유정'은 알음알이가 있는 중생이지요. 이 중생이 몸과 마음을 열심히 닦는 것은 부처님이 되기 위해서 입니다. 이것은 유정이 '알음알이가 없는 부처님의 마음자리[無情]'에 '부처님의 꽃'을 피우기 위하여 '부처님이 될 씨앗을 뿌리는 것[下種]'과 같습니다.

『덕이본 육조단경』에서는 이 '무정'을 '인지因地'라고 표현하고 있습니다. 부처님이 되려고 수행하는 자리 바로 이 '인지因地'에서 중생의 번뇌를 다 털고 닦아 부처님이 되면 부처 열매를 맺는 것입니다.

有情來下種　因地果還生
유 정 래 하 종　인 지 과 환 생

중생들이 찾아 와서 씨앗 뿌리니
그곳에서 부처 열매 맺히지마는

신수 스님 견해도 같습니다. 게송 마지막 부분에서 '티끌 번뇌 일어나지 않게 하여라[勿使惹塵埃]'라고 하였으니 몸과 마음을 닦아 티끌 번뇌가 일어나지 않으면 부처님이 됩니다.

나의 몸은 깨달음을 얻는 나무요
내 마음은 밝은 거울 깨끗한 경계
몸과 마음 부지런히 털고 닦아서
티끌 번뇌 일어나지 않게 하리라.

부처가 되기 위해 몸과 마음을 열심히 닦는 것은 부처님 꽃을 피우기 위해서, 부처 열매를 맺기 위해서 부처 될 씨앗을 뿌리는 것과 같으니 오조 스님 게송 앞 두 구절은 신수 스님 견해를 인정하는 것같습니다.

그러나 뒷구절을 보면 신수 스님의 게송은 아직 중생의 알음알이에 머물러 있다는 것을 알 수 있습니다.

有情來下種 無情花卽生 無情又無種 心地亦無生
유정래하종 무정화즉생 무정우무종 심지역무생

중생들이 찾아 와서 씨앗 뿌리니
정情이 없는 그곳에서 꽃이 피지만
정情도 없고 씨도 없는 그 마음자리
부처님의 마음자린 생멸이 없네.

중생은 시비분별을 하기 때문에 중생은 부처님이 되기 위하여, 부처님의 세계를 상정하고 '부처님이 될 씨앗'을 뿌리며 열심히 닦아야 한다고 생각합니다. 열심히 닦아 중생의 시비분별이 사라진 '무정無情' 그 자리에서 부처님 마음이 드러납니다. '무정'은 '중생의 알음알이가 없다는 뜻'이니 부처님의 마음자리로 보아야 합니다. 한문은 대구로 이루어져 있기 때문에 '유정有情'이 '중생'이면 '무정'은 무정물이 아니라 '부처님'입니다.

오조 스님 게송의 앞구절에서 '무정無情'은 '유정'과 상대되는 시비분별 속에서 말하는 '무정'이니 아직 '중생의 영역'에 있는 것입니다. 그러나 뒷구절 '무정'은 인과를 뛰어넘어 '유정이다, 무정이다' 하는 시비분별을 초월한 '부처님의 영역'에서 말하는 '무정'입니다.

'부처님 마음자리[心地]'에 들어가 부처님이 되어 있으면 부처님이 되겠다는 마음이 일어나겠습니까? 그런 마음을 일으키지 않겠지요. 알음알이가 없어져 내가 부처님이 되어 있으면[無情], 부처님 되려고 뿌릴 씨앗이 필요가 있겠습니까? 그러니 중생의 알음알이가 없어지면 부처님이 될 종자도 당연히 필요가 없는 겁니다[無種].

그 마음자리에 부처님이 될 종자가 없으면, 그 종자를 통해서 부처님 성품이라는 것이 나올 게 없습니다. 중생의 알음알이도 없고 부처님이 될 종자도 필요 없어 부처님의 성품이라고 구할 것도 없는 그 마음자리가, 생멸이 없는 마음자리입니다[無生]. 인과를 뛰어넘어 '유정이다, 무정이다' 하는 시비분별을 초월한 '부처님의 영역에서 말하는 무정'인 것입니다.

생멸이 없다는 말을 이해하기가 쉽지 않습니다. 불교에서 말하는 '생멸', '생사'란 사람이 태어나고 죽는 것만 말하는 것이 아닙니다. 여러분들 마음속에서 일어나는 시비분별 하나하나가 일어났다 사라지는 것이 '생멸'이요, '생사'입니다.

이 시비분별 하는 마음으로, 태어난 것을 '태어났다'고 규정하고 죽었을 때 '죽었다'고 규정하는 것이지, 근본 자리에서 보면 '공성空性'이니 태어나고 죽는 것은 존재하지 않습니다. 다만 인연이 주어져 태어나는 모습으로 드러날 뿐이고 인연이 흩어지면 죽는 모습으로 드러날 뿐이지, 그 근본 자리는 실체가 없는 것이기에 '무엇이 생겨났다가 사라졌다'라고 하지 않습니다. 시비분별이 떨어진 생멸이 없는 마음, 그 마음자리가 부처님입니다. 육조 스님도 같은 말씀을 하고 있습니다.

깨달음은 잡혀지는 존재 아니고
밝은 마음 그 이름뿐 실체가 없네
불성이란 늘 언제나 맑고 깨끗해
어느 곳에 티끌 번뇌 있을 수 있나.

육조 스님은 중생의 시비분별이 사라진 자리를 부처님의 성품 곧 '불성'이라 하고, 이 '불성'은 언제나 맑고 깨끗한 것이기에 '불성상청정佛性常清淨'이라 한 것입니다. 본래 언제나 맑고 깨끗한 그 마음자리가 부처님의 성품이라는 것입니다.

이 게송들이 이해하기 어려워 지금은 모를지라도 마음속에 담아 놓고 화두처럼 참구해보시기 바랍니다. '이 뜻이 무엇일까'라는 화두가 일상생활에서 앉고 눕고 오가며 지속되면 선정에 들 것이요, 선정에 들면 흔들림 없는 마음에서 사물의 진실을 통찰하는 지혜가 반드시 생길 것입니다.

6장 강설

혜명에게 법을 설하다

다만 속가에서 삼품 장군을 지냈던 우람하고 거칠게 생긴 '진혜명'이란 스님만 유일하게 바로 고갯마루까지 쫓아 올라와 마주치게 되었다. 내가 지체 없이 가사와 발우를 건네주었지만, 그는 받으려 하지 않고 "제가 일부러 멀리 찾아 온 것은, 법을 구하려 함이요, 가사를 뺏으려고 하는 것이 아닙니다."라고 하였다.

내가 고갯마루에서 혜명에게 법을 전하니, 법문을 듣고 그 자리에서 그는 마음이 열렸다. 나는 혜명에게 북쪽으로 가 사람들을 가르치라고 하였다.

육조 스님이 뒤쫓아 온 혜명 스님에게 법을 전한 것이 돈황본에서는 육조 스님이 설한 법문의 내용 없이 그 사실만 간략하게 나와 있습니다. 그런데 이 법문은 육조 스님께서 설한 최초의 법문이기에 과연 어떤 법을 전했을지 궁금하기 마련입니다. '덕이본'에서는 이 장면이 다음과 같이 자세히 표현되어 있습니다.

혜명 : 바라옵건대 행자시여 저를 위하여 법을 설해 주옵소서.

육조 : 네가 법을 위해 왔다면 모든 인연을 쉬고 한 생각도 일으키지 말아야 한다. 내가 너를 위하여 법을 설하겠다.

(잠깐 쉬었다가)
좋은 것도 생각하지 않고 나쁜 것도 생각하지 않는 바로 이때에 어느 것이 그대의 본디 모습인고?

옛날 백거이(772-846)[1]와 조과鳥窠 선사(741-824)가 만난 일화가 있습니다. 항주 목사로 부임한 그는 그 지역에서 유명한 조과 선사를 만나러 갑니다. 조과 선사는 큰 나무 위에서 나뭇가지를 엮어 새집처럼 거처를 마련하고 그곳에서 참선하고 잠을 자며 생활하신 분입니다. 조과 선사라는 이름도 그렇게 해서 붙여진 이름인데, 새 '조鳥' 자에 보금자리 '과窠' 자를 썼으니 '조과'란 '새의 보금자리'란 뜻입니다.

백거이가 찾아갔을 때, 스님은 높은 나뭇가지에 앉아 참선을 하고 있었습니다. 백거이는 그 모습을 보고 깜짝 놀라 외쳤습니다.
"스님, 참으로 위험합니다. 빨리 내려오세요."

---

1. '백거이'는 당나라 중기에 활동한 중국 시인이다. 만년에 벼슬을 버리고 낙양으로 은거하여 청빈한 생활을 하였다. 일생 동안 2천 8백여 수의 시를 지었으며 그의 인품과 문학적 성과는 오늘날까지 높이 평가되고 있다.

"내가 보기에는 나보다도 자네가 더 위험하네 그려."

"저는 이 지역의 제일 높은 나라일꾼으로서 권력과 부를 갖고 있기에, 이 땅위에 서 있는 한 저를 위협할 것이 없으니, 저는 걱정할 일이 없는 사람입니다."

"지금 그런 너의 생각을 들여다보면 잘났다는 생각이 가득 차 온갖 시비분별을 일으키고 있으니, 내가 볼 때 그런 마음은 육신을 불태우는 불덩어리로 보이네. 그런 마음을 가지고는 세상을 결코 행복하게 살 수 없지."

백거이는 이 말을 듣고 놀랍니다. 듣고 보니 스님은 평화로워 보이는데, 자기는 세상의 온갖 희노애락 속에서 살고 있는 겁니다. 스님 말씀이 일리가 있다고 생각한 백거이는 조과 선사에게 가르침을 청합니다. 그러자 조과 선사께서 말씀하셨습니다.

"나쁜 일은 하지 말고 좋은 일을 많이 하라.[諸惡莫作 衆善奉行]"

"스님, 그건 세 살 먹은 어린 아이도 모두 아는 이야기입니다."

"세 살 먹은 아이도 할 수 있는 말이나 팔십 먹은 노인도 실천하기 어려운 법이지."

조과 선사는 나쁜 일을 하지 말고 좋은 일을 하라고 하였는데, 육조 스님께서는 혜명 스님에게 "나쁜 일도 생각하지 말고 좋은 일도 생각하지 마라."라고 법문을 하셨습니다. 이게 무슨 뜻입니까?

조과 선사가 말씀하신 법문은 '칠불통계'에 나오는 구절입니다. '칠불통계七佛通戒'란 과거 일곱 부처님이 계셨는데 이 부처님들이 모두 이 게송을 계율 삼아 수행하셨다고 해서 붙여진 이름입니다.

諸惡莫作 衆善奉行 自淨其意 是諸佛敎[1]
제 악 막 작　중 선 봉 행　자 정 기 의　시 제 불 교

'제악막작 중선봉행'은 앞서 조과 선사가 말씀하신 대로 '나쁜 일을 하지 말고 좋은 일을 많이 하라'는 뜻입니다.

'자정기의 시제불교'는 '스스로 쓰고 있는 그 마음을 맑고 깨끗하게 하는 것, 이것이야말로 모든 부처님의 가르침이다'라는 뜻입니다.

'칠불통계' 이 게송의 핵심은 '자정기의自淨其意'입니다. 자정기의란 스스로 쓰고 있는 마음을 맑고 깨끗하게 하는 것이니, 이 말은 곧 중생의 혼탁한 시비분별을 다 없앤다는 뜻입니다. '나쁜 일을 하지 말고 좋은 일을 많이 하라'는 이것은, 신수 스님의 게송처럼 나쁜 일을 하지 않고 좋은 일을 해서 부처님의 세상에 가까이 다가가라는 것입니다.

그러나 정말 부처님의 세상에 들어가면, 부처님의 삶 자체가 '완전 선

---

1. 칠불통계를 도반 스님이 시처럼 아름답게 번역한 글이 있기에 소개합니다.
　　오늘도 나의 허물 되돌아보며　諸惡莫作
　　맑고도 향기로운 삶을 만들어　衆善奉行
　　하늘빛 푸른 소원 참마음으로　自淨其意
　　부처님 가르침을 꽃피우소서.　是諸佛敎

善'이라 부처님이 된 자리에서는 나쁜 일이 하나도 있을 수가 없습니다. 좋고 나쁜 것이라고 분별할 필요가 없는 것입니다. 부처님의 세상에 들어간 맑고 깨끗한 마음자리가 바로 '자정기의'입니다.

맑고 깨끗한 마음자리가 되면 중생의 혼탁한 시비분별이 끊어져 선도 악도 생각하지 않습니다. 이것이 부처님의 가르침이니, 좋은 일도 나쁜 일도 생각하지 말라는 육조 스님의 가르침과 같습니다. '자정기의'가 핵심이기에 육조 스님은 이 부분만 언급하여 혜명에게 법문을 하신 것입니다.

좋은 것도 생각하지 않고 나쁜 것도 생각하지 않는 바로 이때에 어느 것이 그대의 본디 모습인고?

여러분도 화두처럼 잘 참구하여 보시기 바랍니다.

선정과 지혜는 바탕이 같다

어리석은 사람은 법의 모양이나 일행삼매에 집착하여 "곧은 마음으로 가만히 앉아서 움직이지 않고 망념을 제거하여 마음을 일으키지 않는 것이 곧 일행삼매다."라고 한다. 이와 같다면 이 법은 아무 생각도 없는 무정물無情物과 같아 도리어 도를 가로막는 인연이 된다.

'일행삼매'에 집착하여 "곧은 마음으로 가만히 앉아서 움직이지 않고 헛된 마음을 일으키지 않는 것이 일행삼매다."라고 한다면, 이것은 마치 돌이나 나무와 같으니, 돌도 나무도 움직이지 않고 아무런 생각을 일으키지 않기 때문입니다. 그러므로 앉아서 아무 생각도 일으키지 않는 것이 일행삼매라고 주장한다면, 돌이나 나무와 같은 무정물 같아서 그런 마음으로 공부한다면 수행에 진전이 없을 것입니다.

그 까닭은 진짜 자기 마음을 알지 못하고 있기 때문입니다. 허망한 마음을 일으키지 않고 무명을 타파하여 부처님 마음자리를 봐야 하는 것인데, 무명을 타파하기도 전에 아무것도 없는 경계에 집착하고 있기 때문입니다. 이런 것을 '공에 떨어졌다', 또는 '무기공에 떨어졌다' 라고 말합니다. 이른바 '침공체적'이라고 하는데 '공적'한 그 마음자리에 '침체沈滯'되어 있는 것입니다.

우리 마음이라는 것은 살아서 움직이되 늘 고요한 부처님 마음자리와 하나가 되어야 합니다. 선정과 지혜가 하나가 되어야 그것이 진짜 일행삼매지, 선정 속에 빠져서 부처님 지혜가 드러나지 않는 것 그것은 일행삼매가 아닙니다.

'선禪'이란 오고 가고 앉고 눕는 일상의 모든 삶속에서 편안하고 행복한 마음이 끊임없이 이어지는 것입니다. 그게 바로 선입니다. 부처님 마음이 바탕에 깔려 그 마음이 부처님의 삶으로 끊임없이 드러나는 것 그것을 일행삼매라고 합니다. 일행삼매라는 것은 부처님의 마음으로 24시간 살아가는 것이지요.

선지식들이여, 도란 모름지기 막힘없이 흘러가야 한다. 그런데 무엇 때문에 막혀버리는가. 마음이 법에 머무르지 않는다면 도는 막힘없이 흘러가나, 법에 집착하여 머무르면 법에 묶인 것이다.

'마음이 법에 머무르지 않는다'는 것은 집착하지 않는다는 뜻으로 '응무소주이생기심應無所住而生其心'을 이야기하는 것입니다. 그 어디에도 집착하지 않는 것입니다. 중생은 늘 시비분별 하는 것이 업으로 되어 있기 때문에 분별하는 순간 자기 생각에 집착하게 되어 있습니다. 그래서 의식적으로 '집착을 놓아야 해', '집착하지 말아야 해'라고 자각하면서 그 마음을 떨쳐 내야 합니다.

눈에 보이지 않는 나, 잠재적인 나를 통제하는 방법은 의식적으로 자꾸 시비분별 하는 그런 마음을 일으키지 않아야 하는 것입니다. 지속적으로 집착하는 마음을 일으키지 않으면 잠재의식 속에 있는 '나'라는 놈의 힘이 약해집니다. 이 '나'는 시비분별을 원동력으로 삼고 있으므로 의식적으로 시비분별 하는 마음을 자꾸 떨쳐내야 하는 겁니다. 그러면 자아의식의 힘이 점차 줄어들게 됩니다. 그것이 수행입니다.

내 마음속을 들여다보면 '내가 누군데' '감히 나한테 이럴 수가 있어' 하며 '나'라는 놈을 내세워 고통 받으며 살고 있습니다. 그러나 '나'라고 하는 놈이 있다고 착각을 해서 그런 현상이 일어나는 것이지 '나'란 것이 실체가 없는 줄 알면 그 허깨비 같은 마음을 바로 내려놓을 수 있습니다.

> 앉아서 움직이지 않는 것만이 공부라면, 숲 속에서 가만히 앉아 있음을 공부로 알던 사리불을 유마 거사가 호되게 꾸짖지 않았을 것이다.

'사리불'은 부처님의 제자이고 '유마 거사'는 부처님 당시의 훌륭한 재가 신도입니다. 유마 거사는 사리불이 가만히 앉아 있는 것에 집착하여 이를 공부로 알고 즐기던 '연좌宴坐'에 대해 이렇게 말합니다.

"사리불이여, 마음이 안팎에 머물지 않는 것, 이를 '연좌'라고 한다. 모든 경계에서 흔들림이 없이 모든 수행을 해나가는 것, 이를 '연좌'라고 한다. 번뇌를 끊지 않고 열반에 들어가는 것, 이를 '연좌'라고 한다. 이렇게 앉아서 공부하는 것이라면 부처님이 인가한다."

사리불은 가만히 앉아 있는 것에 집착하여 공부로 알고 즐기는 것을 '연좌'라고 여겼는데 유마 거사는 "마음이 안팎에 머물지 않는 것, 이를 연좌라고 한다."라고 하였습니다. 유마 거사는 육조 스님과 같은 이야기를 하고 있는 것입니다. 마음이 안팎에 머물지 않는다는 것은 바깥 경계에도 집착하지 않고 자기 생각에도 집착하지 않는 것을 말합니다. '머문다'는 말은 머물러서 집착하는 겁니다. 곧 마음이 안팎에 머물지 않는다는 것은, 마음 안팎의 어떤 경계에도 집착하지 않는다는 말입니다.

또 "모든 경계에서 흔들림이 없이 모든 수행을 해나가는 것, 이를 연좌라고 한다."라고 하였습니다. 모든 경계에서 흔들림이 없다는 것은 시비분별을 하지 않는 것입니다. 마음이 안팎에 머물지 않는 것입니다. 시비분별을 하지 않고 안팎에 머물지 않는 마음을 지니고 있는 것자체가 수행입니다. 그래서 흔들림 없이 모든 수행을 해나가는 것, 이를 연좌라고 합니다.

가만히 앉아 있으면서 마음속에 들끓고 있는 생각을 못 놓는 사람들이 굉장히 많습니다. 그러나 앉고 서고 오가는 모든 일상의 삶 가운데 마음이 안팎에 머물지 않아서 어떤 경계에도 흔들림이 없을 때 비로소 연좌라고 하는 겁니다. 참된 연좌란 마음이 쉬는 것이지 폼만 잡고서 고요한 경계를 즐기는 것 그것은 연좌가 아닙니다.

마지막으로 "번뇌를 끊지 않고 열반에 들어가는 것, 이를 연좌라고 한다."라고 하였습니다. 번뇌를 끊는다는 것은 번뇌를 끊어야 할 내가 있고 끊어야 할 대상 번뇌가 있는 것입니다. 그러면 번뇌와 내가 나누어져 있는 것이지요 그런데 번뇌를 끊지 않고 열반에 들어간다고 하는 것은, 있는 그 자리에서 내가 사라지면서 번뇌와 온갖 경계도 같이 사라지는 겁니다. 바깥 경계가 사라지고 내가 사라지는 그 자리가 깨달음이요 열반이요 그 자리가 연좌다 이 말입니다.

> 선지식들이여, 또 어떤 사람이 사람들에게 '앉아서 마음의 깨끗함을 보되 일어나 움직이지 않는 것'을 공부로 삼고 이를 가르치는 것을 본다. 어리석은 사람은 그 내용을 몰라 말에 집착하여 잘못된 생각을 내게 되는데, 이런 사람들이 참으로 많다. 그러므로 이렇게 도를 가르치고 있는 것은 큰 잘못인 줄 알아야 한다.

'좌선'만이 공부라고 생각하면서 "나는 좌선을 하니 수행을 잘하고 있다."라고 상을 내는 사람들이 많이 있습니다. 지금 그것을 지적하는 겁니다. 모습이 아니라 마음이 자유로워야 합니다. 영혼이 자유로워야 합니다. 그런데 마음이, 영혼이 자유롭지 못하고 어떤 상에 집착해서 '이것이 도道다'라고 생각하면 이건 잘못 아는 것입니다. 앉아서 공부하는 것을 방편으로 가르치되 참된 공부의 의미를 바르게 알려주는 분이 바로 선지식입니다.

무념, 무상, 무주

선지식들이여, 본디 나의 법문은 예로부터 모두 '무념無念'을 으뜸으로 삼고 '무상無相'을 그 바탕으로 삼으며 '무주無住'를 근본으로 삼는다.

무엇을 '무상'이라 하는가? '무상'이란 경계를 보되 집착하는 어떤 모습도 없는 것이고, '무념'이란 생각 속에 헛된 생각이 없는 것이며, '무주'란 사람의 본디 성품에서 생각마다 어떤 경계에도 집착하지 않는 것이다.

'무념無念'은 생각이 없는 것이 아니라 잘못된 생각인 망념이 없는 것입니다. 시비분별 하지 않는다는 것은 분별하는 내가 없는 것이므로 나라는 모습에 집착하는 '아상我相'이 끊어진 자리입니다. 그 마음자리에서 맑고 깨끗한 생각을 가지고 바른 생각을 하게 되므로 무념은 곧 '청정심'이라고도 할 수 있습니다.

'아상'이 없는 맑고 깨끗한 자리에 들어가면 시비분별 하는 '경계'도 '나'도 사라져 고요하고 맑은 마음만 남아 있습니다. 내가 사라진 그 자리에서 보고 집착할 대상 경계가 없는 것이지요. 이것이 '무상無相'입니다. 또 이 자리는 일체 어떤 모습도 없기에 보고 집착하여 머물 경계가 없으므로 '무주無住'입니다.

결국 무념, 무상, 무주는 같은 말입니다. 같은 말인데 다양한 각도에서 달리 말할 뿐입니다. 다르다고 생각하고 그 개념을 외워 내 것으로 하려면 어려운 불교가 됩니다. 그러나 이 내용을 듣고 근본 바탕을 여러분이 이해하게 되면, 근본 자리 부처님의 마음을 가지고 부처님 말씀을 이해하게 됩니다. 근본을 알면 무념, 무상, 무주를 마음대로 이야기할 수 있습니다.

부처님의 마음을 모르면 '팔만사천 법문'이 다 다른 이야기로 들리지만 부처님 마음을 알면 '팔만사천 법문'이 하나로 꿰어집니다.

좌선이란 무엇인가

이제 새겨들어야 할 것이니, 이 법문에선 무엇을 좌선이라 하는가? 이 법문에서는 조금도 걸림이 없어 바깥 어떤 경계에도 분별이 일어나지 않음을 '좌坐'라 하고, 안의 본디 성품이 어지럽지 않음을 보는 것이 '선禪'이라고 한다.

육조 스님의 법이 세상에 알려지니 많은 스님들이 공부하러 찾아옵니다. 그 가운데 육조 스님을 빛낸 유명한 제자로 남악회양 스님이 있습니다. 남악회양 스님은 많은 제자를 길러냈는데 그 중 가장 유명한 분이 마조도일 스님입니다. 마조 스님은 남악회양 선사를 찾아가서 공부를 한다고 하루도 쉬지 않고 열심히 좌선만 했습니다. 그 모습을 쭉 지켜보고 있던 회양 스님이 하루는 마조 스님에게 다가가 묻습니다.

"자네는 무엇을 하고 있는가?"
"좌선을 하고 있습니다."
"좌선은 해서 무엇 하려는가?"

"깨달아서 부처가 되려고 합니다."

그 이야기를 들은 회양 선사는 이튿날부터 마조 스님 앞에서 벽돌을 갈기 시작합니다. 마조 스님은 이상하게 생각하고 회양 스님께 묻습니다.

"스님, 벽돌을 갈아 무엇에 쓰시려고 합니까?"
"거울을 만들려고 하네."
"벽돌을 갈아 어떻게 거울을 만들 수 있겠습니까?"
"자네도 앉아만 있다고 부처가 될 수 있겠는가?"

이 말에 마조 스님은 정신이 번쩍 듭니다.
다시 남악회양 스님이 마조 스님에게 묻습니다.

"수레가 움직이지 않을 때 채찍으로 수레를 때려야 하겠는가?
아니면 소를 때려서 가게 해야 되겠는가?"

소가 가려고 하지 않을 때 수레를 때리면 갑니까? 소를 다그쳐야 하지요. 소는 우리 마음을 비유한 겁니다. 우리가 참선을 할 때 이 몸뚱아리를 가지고 폼을 잡지만, 이 몸이 성불해서 부처가 되는 것이 아니라 이 몸속에 들어 있는 마음, 그 마음을 잘 다스려야 성불할 수 있는 겁니다. 그래서 앉아 있는 모습이 공부가 아니고, 앉아 있는 데서 그 마음자리를 들여다보고, 그 마음이 펄펄 살아있어야 공부를 하는 것입니다.

246

육조단경에서 육조 스님이 "무엇을 좌선이라 하는가?"라고 한마디 던지는 것은, 사람들이 앉아서 가만히 있는 것을 공부로 알기 때문입니다. 그것은 진짜 공부가 아니며, 공부라고 하는 것은 자기 마음을 관조해서 시비분별이 떨어진 그 마음이 살아 움직여야 하는데, 그것을 잊고 공부하는 사람이 많습니다.

'좌선坐禪'에서 '좌坐'는 바깥 경계를 봤을 때 바깥 경계에 집착하지 않고 시비분별 하지 않는 마음, 곧 그 마음으로 앉아서 움직이지 않는 것을 말합니다. 우리는 '몸이 앉았다'고 생각하는데, 정말 '앉았다'는 것은 바깥 경계에 조금도 시비분별을 일으키지 않는 그 마음자리에 들어 앉아 있어야 그것을 '좌坐'라고 하는 겁니다.

'선禪'이라는 것은 그렇게 앉아서 바깥 경계에 대한 온갖 시비분별을 놓아두고, 자기 마음자리가 바깥 경계에 흔들리지 않도록 그 마음자리를 계속 지켜보고 있는 것입니다. 이것이 '좌선'입니다.

선정이란 무엇인가

9장 강설

무엇을 선정이라 하는가? 바깥 모습에 대한 집착을 떠남이 '선禪'이요, 안의 마음이 어지럽지 않음을 '정定'이라 한다. 바깥에 어떤 모습이 있더라도 안의 성품이 어지럽지 않은 그 마음은, 본디 그 자체가 깨끗하고 고요하다. 경계에 집착하기 때문에 이 집착으로 마음이 혼란해지니, 바깥의 모습에 대한 집착을 떠나 어지럽지 않은 마음이 고요한 마음 곧 '정定'이다.

바깥 어떤 모습에도 집착하지 않는 마음이 '선禪'이요, 안으로 어지럽지 않은 마음이 '정定'이니, 밖의 '선禪'과 안의 '정定'을 합쳐 이를 일러 '선정'이라 한다.

육조 스님은 선정도 좌선과 같은 관점에서 풀이합니다. '좌선'의 '선禪'은 앉아서 마음이 바깥 경계에 흔들리지 않고 움직이지 않는 그 모습을 지켜나가는 것이라고 했습니다. 그리고 '선정'의 '선'을 이야기할 때는 바깥 어떤 경계에도 집착이 없는 것 그것을 '선'이라고 합니다. '정定'은 바깥 모습에 집착하지 않아 안으로 어지럽지 않은 마음입니다.

'좌선의 선'과 '선정의 선'을 같은 '선禪'인데 달리 설명하는 것 같지만 근본 뜻은 같습니다.

여러분이 이해하셨는지 모르지만 '좌선'과 '선정'이라는 말에 얽매이지 말고 육조 스님이 말씀하시는 좌선의 근본 뜻, 선정의 근본 뜻을 바로 알아야 합니다. 좌선이나 선정이나 그 요지는 바깥 경계는 실체가 없으니 그것에 집착하여 마음이 흔들릴 필요가 없다는 겁니다.

모든 경계는 실체가 없기에 항상 변하지 않습니까? 바깥 경계에 집착하지 않는다는 말은, 내 마음이 바깥 경계를 쫓아가서 이리저리 시비하지 않는다는 뜻입니다. 내 마음이 시비분별 하지 않을 때, 바깥 경계에 연연하지 않게 되고 마음이 산란하게 움직이지 않습니다. 그것이 '좌선'이요, '선정'입니다. 가만히 앉아 있는 것만 좌선이라고 생각하는 사람이 참으로 많습니다. 또 선정이라고 하면 마음이 고요하게 있는 것으로만 생각합니다. 그래서 육조 스님은 좌선과 선정의 뜻을 명확하게 드러내고자 한 것입니다. 육조 스님이 말씀하시는 좌선과 선정이란 '안팎으로 흔들림 없는 고요한 마음'을 지녀야 하는 겁니다.

維摩經 云 卽時豁然 還得本心
유 마 경 운 즉 시 활 연 환 득 본 심

『유마경』에서 "곧바로 마음이 툭 트이면 그 자리에서 본디 마음을 얻는다."라고 하였다.

250

우리 중생들은 늘 시비분별을 하고 살아가는 것이 업입니다. 시비분별 하고 집착하여 자기 이야기를 늘어 놓다보면 그 속에 푹 빠져 그 너머 세상을 보지 못합니다. 시비분별 하는 마음이, 자기 생각을 드러내는 그 자리에서 큰 세상을 보지 못하게 자기 눈을 가리기 때문입니다.

'활연豁然'이란 이 중생의 혼탁한 시비분별이 끊어져 마음이 툭 트이는 것입니다. 부처님의 마음이 드러나는 것이지요. 시비분별을 놓아버려 그 자리에서 마음이 툭 트이는 것을 '활연'이라고 표현한 것입니다. 마음이 툭 트이면 드러나는 마음자리 그것이 참된 우리 마음입니다. 그것이 본래 우리 마음이요 부처님 마음입니다. 중생의 마음이 툭 터지는 그 자리에서 부처님의 본디 마음, 우리의 본래 마음을 얻게 되는 것입니다.

네 가지 큰 서원

모든 중생을 남김없이 다 제도하겠습니다.

모든 번뇌를 남김없이 다 끊겠습니다.

모든 법문을 남김없이 다 배우겠습니다.

부처님의 도를 남김없이 다 이루겠습니다.

선지식들이여, "모든 중생을 남김없이 다 제도하겠습니다."라고 하는 이 말은, 내가 그대들을 제도한다는 뜻이 아니다. 마음속에 있는 중생을 저마다 자신의 몸에서 자신의 성품이 저절로 제도하는 것이니, 무엇을 '자신의 성품이 저절로 제도하는 것'이라고 하는가?

우리는 보통 주변에 있는 사람의 모습을 보고 중생이라고 하는데, 육조 스님은 '바깥 모습을 보고 중생이라고 구별하는 그 마음'을 중생이라고 합니다. 바깥 세상에서 온갖 것으로 드러나는 모습이 중생이 아니라, 중생이라 시비분별 하여 일으킨 마음 하나하나를 중생이라고 한 것입니다. 그리고 시비분별 하고 있는 그 마음을 번뇌라고 합니다. 모든 중생을 제도하며 모든 번뇌를 끊겠다고 하면서 중생과 번뇌로 구분했지만 사실은 번뇌와 중생은 같은 말입니다.

자기 마음에서 시비분별로 일어난 마음이 '중생'인 줄 모르면, 사홍서원을 하면서 "모든 중생을 남김없이 다 제도하겠습니다." "모든 번뇌를 남김없이 다 끊겠습니다."라고 입으로는 말하면서도 내가 과연 그럴 수 있을까 하는 의심이 들게 됩니다. 당장 내 자신도 내 가족도 제도를 못하는데 어떻게 모든 중생을 제도할 수가 있겠습니까?

그런데 육조 스님은 바깥 중생이 아니라 바깥 중생에게 '질투하는 마음, 성내는 마음, 시비하는 마음, 속이는 마음' 이것을 중생이라고 하는 것입니다. '자기가 시비분별 해서 일으키는 마음 하나하나가 중생'이라고 하면, 그것은 자기 마음에서 일어나므로 자기 마음만 잘 다스려서 그런 마음이 일어나지 않게 하면 그 자리에서 모든 중생들이 다 제도 될 수 있습니다. 시비분별 하는 마음이 다 사라져서 마음속의 중생이 다 사라지면 모든 사람들이 다 부처님으로 보이지 않겠습니까?

'중생, 번뇌, 법문, 불도'를 이야기할 때 우리는 항상 밖에 있는 것으로 생각하는데 근본을 들여다보면 자기 마음속 자기 성품 속에 있습니다. '중생'이나 '번뇌'라고 하는 것은 중생심을 쓰는 자기 마음에 있는 것이며 '부처님의 법문'이나 '부처님 도道' 역시 바로 자신의 성품, 부처님 성품 속에 있는 것이지요.

우리는 법문을 부처님이나 큰스님께서 하는 걸로 생각해서 부처님 법을 배워서 받아들여야 한다고 생각합니다. 그런데 배워서 받아들이는 것보다 더 본질적인 '법문'을 육조 스님께서는 말씀하고 있습니다. '부처님 법문'이란 자신의 마음에 있는 부처님 성품을 깨닫고 그부처님 성품으로 부처님 삶을 살아가는 것입니다. 부처님의 삶을 살아가는 부처님의 성품 그 자리에서 올바른 법이 펼쳐지니 이것이 진짜 '자성 법문'입니다.

참된 자성 법문을 할 수 있을 때 세상의 온갖 시비분별을 뛰어넘는 자리에 들어가겠지요. 그 자리에서 바로 부처님 도를 남김없이 다 이룰 것입니다.

12장 강설

무상참회無相懺悔

선지식들이여, 무엇을 '진정한 참회懺悔'라고 하는가?
'참懺'이란 죽는 날까지 잘못을 저지르지 않는 것이요, '회悔'란 지난날의 잘못을 아는 것이다.

나쁜 마음을 조금도 버리지 않은 채 부처님 앞에서 참회를 말하는 것은 자신한테 조금도 이익이 없다. 나의 법문에서는 나쁜 마음을 영원히 끊고 다시는 나쁜 마음을 내지 않는 것, 이를 일러 '진정한 참회'라고 한다.

육조 스님은 '참회'를 '참'과 '회'로 나누어서 설명합니다. '참懺'이란 죽는 날까지 잘못을 저지르지 않는 것이며, '회悔'란 지난날의 잘못을 아는 겁니다.

'덕이본'에서는 '참회懺悔'를 풀이하기를, '참'이란 지난날의 잘못을 뉘우치는 것이요, '회'란 뒷날 허물을 일으키지 않겠다고 다짐하는 것이라 하였는데 표현은 달라도 그 뜻은 돈황본과 같습니다.

이런 참회를 하려면 자기 마음속에서 자기 생각에 집착하는 마음을 비워야 합니다. '나'라는 모습에 집착해서 나오는 시비분별이 끊어져야 하는 것이지요. 그래서 참회 앞에 '무상'을 붙여 '무상참회'라 합니다. 어떤 모습이나 경계, 그 대상에 집착이 없는 마음 그것이 '무상심無相心'입니다. 어떤 대상에도 집착하지 않고 시비분별 하지 않는 마음, 그런 마음을 지닐 때 거기에서 진정한 참회가 이루어지기 때문입니다.

중요한 것은 마음속에서 짓는 허물을 모두 없애는 것입니다. 마음속에서 그런 허물을 다 없애려면 그런 업을 짓는 '나'가 없어야 합니다. 나에 집착하는 모습 '아상我相'이 없어야 하는데, 아상이 사라졌다는 것은 아상을 만들어 낸 '무명無明'이 사라졌다는 말과 똑같은 것입니다. 아상을 만들어 온갖 번뇌를 만들어 내던 무명이 사라졌으니 결국 그것은 '부처님 마음'을 가졌다는 뜻이지요.

부처님 마음을 가져야 '진짜 참회'가 되지 부처님 마음을 갖지 않고 집착하는 중생의 마음이 남아 있다면 진짜 참회가 아닙니다. 자기 마음에서 아상이 조금도 남아 있지 않는 참회 곧 '무아상참회'가 되어야 비로소 참회라 할 수 있습니다.

큰 지혜로 부처님 마음을 깨치는 법

'마하반야바라밀'은 서쪽 나라 말인 범어로, '큰 지혜로 부처님의 세상에 다다른다'는 뜻이다. 이 마하반야바라밀법은 반드시 행해야 할 일이지 입으로만 외울 일은 아니다. 입으로만 외우고 실천하지 않는다면 허깨비나 꼭두각시처럼 허망한 것이지만, 이 법을 수행하는 사람의 법신은 부처님과 같다.

'마하'는 크다는 뜻이며 '반야'는 지혜를 말합니다. 마하는 절대적인 마음, 완전한 마음, 하나도 어긋날 것이 없는 '부처님 마음자리'를 '크다'라고 표현한 말입니다. 여기서 '크다'는 상대적인 개념으로서 크다가 아닙니다. 『대방광불화엄경』, 『대불정수능엄경』 등 보통 경전이름에 들어가는 '대'자는 크다, 작다의 상대적 개념에서 나온 뜻이 아니라 '완전하다' '절대적이다' '조금도 부족함이 없다'라는 뜻에서 쓰는 말입니다. 그 마음이 부처님 마음이지요. 그러므로 '마하'에서 '반야지혜'가 나오는 것입니다.

이 도리를 백련암 큰스님께서는 '쌍차쌍조雙遮雙照'로 설명하셨습니다. '쌍'은 '좋다, 싫다' '옳다, 그르다' 등 상대되는 온갖 개념을 말하는 것입니다. '쌍차雙遮'는 이런 온갖 개념에 집착하는 중생들의 혼탁한 시비분별을 완전히 막아 끊은 것입니다.

중생의 시비분별이 끊어진 그 자리에서는 부처님의 마음이 드러납니다. 이 부처님 마음에서 광명이 나오고 온갖 공덕이 드러나며 부처님 지혜가 흘러나와 온 천하를 비추어 중생들에게 가피를 주니, 이것을 '쌍조雙照'라고 합니다.

시비분별이 완전히 끊어진 것이 '쌍차'로서 부처님의 마음인 '선정'이요, 그 자리에서 나오는 것이 '쌍조'로 부처님의 '지혜'입니다. 선정에 들면 온갖 시비분별 하는 생각이 사라지고 부처님 마음만 남아 있습니다. 그 자리에서 부처님 지혜가 드러나는 것이지요 부처님의 선정과 지혜는 동전의 양면과 같아서 선정이 있어야 지혜가 나오고 지혜 역시 선정을 바탕으로 존재하는 것입니다. 선정이 인因이 되고 지혜가 과果가 되는 것 같지만 반대로 지혜가 있으면 반드시 선정이 있게 됩니다. 부처님의 선정과 지혜는 별개의 것이 아니라 동시에 있게 되는 것이므로 '인과동시'라고도 합니다.

'바라밀'은 '도피안到彼岸'으로 피안에 이른다는 뜻이지요. '피안'은 저쪽 언덕이므로 '차안'은 이쪽 언덕 곧 내가 있는 중생계를 말합니다. 도피안에는 사바세계 중생계를 건너 부처님 세상으로 간다는 의미가 담겨 있습니다. 그러므로 '마하반야바라밀'은 큰 지혜로 부처님 세상으로 건너간다는 뜻이며, '마하반야바라밀법'은 '큰 지혜로 부처님 마음을 깨치는 법'입니다.

육조 스님의 가르침은 한마디로 '마하반야바라밀법'이라고 할 수 있습니다. 스님께서 단경에서 말씀하신 가르침이 모두 '큰 지혜로 부처님 마음을 깨치는 법'이기 때문입니다. 선정과 지혜, 좌선의 근본 뜻을 설하신 것도, 자신의 몸 가운데 있는 삼신불에 귀의하는 것도 부처님 마음을 깨치는 법이며, 무상참회, 삼귀의, 사홍서원도 모두 마하반야바라밀법입니다.

육조 스님께서 법문을 설하실 때 처음부터 대중들에게 "마하반야바라밀법을 항상 염두에 두어야 한다."라고 강조하신 것은 늘 부처님 말씀을 새기며 수행하여 부처님 마음을 깨치라는 가르침이 담겨 있습니다.

육조 스님의 돈교법문

깨닫지 못하면 부처님이 중생이나, 한 생각 깨달으면 중생이 부처님인 줄 알아야 한다. 또한 온갖 법이 모두 자신의 마음속에 있음을 알아야 한다. 그런데 어찌 자신의 마음에서 진여의 본디 성품을 단숨에 드러내지 못하는가?

『보살계경』에서 "나의 맑고 깨끗한 본원자성이 마음의 실체를 알고 '참 성품'을 보면 저절로 부처님의 도를 이룬다." 하고, 『정명경』에서도 "곧바로 마음이 툭 트이면 그 자리에서 본디 마음을 얻는다."라고 하였다.

'자신의 성품을 바로 보면 부처가 된다'는 것이 바로 선의 요체로서 이를 '돈오법頓悟法'이라 합니다. 온갖 법이 자신의 성품에 있기에 자신의 성품이 늘 맑고 깨끗한 줄 알아, 자신의 성품에서 단숨에 닦아 부처를 이루는 것입니다. "밖에서 부처를 찾지 마라." "자신의 성품에 있는 불법승 삼보에 귀의하라."라고 말씀하시는 육조 스님의 모든 법문은 이 돈오법을 바탕으로 하고 있습니다.

그러나 단숨에 성불한다는 '돈오頓悟'에 대해서는 말이 많습니다. 대부분 많은 사람들은 "어떻게 우리 중생들이 단숨에 깨달을 수 있단 말인가?"라고 스스로 의심하고 있습니다. 게다가 단숨에 깨달을 수 있다고 하는데 막상 찾아보면 공부를 끝낸 사람을 어디서도 볼 수 없습니다. 그래서 돈오돈수頓悟頓修를 못 믿겠다고 이야기하는데 이는 잘못된 것입니다. 돈오돈수와 돈오점수頓悟漸修 혹은 점오점수漸悟漸修는 어느 것이 옳은지 따질 일이 아니기 때문입니다.

불교의 본질은 무명을 깨트리고 부처님 세상으로 들어가는 것입니다. 무명이 깨어진 다음에는 깨어진 그 속에 들어가 깨달음이란 그 대상조차도 놓아버려야 합니다. 이것이 바로 '돈오돈수'인 것이며 공부를 하는 사람들은 항상 그 자리를 염두에 두어야 합니다.

돈오돈수의 돈오와 돈오점수의 돈오는 그 의미가 다릅니다. '돈오돈수'의 '돈오'는 무명이 깨져서 깨달음과 하나가 되어 깨달음이란 그 대상조차 놓은 것이고, '돈오점수'의 '돈오'는 중생계에서 무명 너머 부처님의 세상이 있음을 선지식에게 듣고, 그 믿음 속에서 부처님의 세상을 향해 점차 수행해 나가는 것입니다. 그러므로 '돈오점수'에서 말하는 '돈오'를 공부의 마지막 자리로 보아서는 안 됩니다.

육조 스님께서 '돈오돈수'를 말씀하실 때는 온갖 번뇌의 원천이 되는 '무명'이 타파되는 그 자리를 강조하여 이야기하고 싶은 것입니다. 이 중생계가 어디서 만들어졌습니까? 십이연기를 보면 답이 나옵니다. '연기'란 이 세상에 존재하는 온갖 법은 다 여러 인연이 어울려서 만들어진다는 것입니다. 십이연기법은 '무명無明·행行·식識·명색名色·육입六入·촉觸·수受·애愛·취取·유有·생生·노사老死'의 열두 가지 순서로 이루어졌습니다. 여기서 '생生, 노사老死'는 생로병사입니다. 생로병사 하는 것이 중생이지요. 그리고 중생이 사는 세상이 중생계입니다.

십이연기를 거슬러 가보면 처음에 '무명無明'부터 시작이 되었지요. 그래서 이 무명이 타파되면 무명으로부터 나온 이 세계가 없어집니다. 무명이 없어져야 무명으로 생겨난 '중생계'가 없어지는 것이지요. 무명이 타파되는 순간 중생계가 사라지면서, 중생계에서 늘 나에 집착하는 모습인 '아상'을 가지고 '너'와 '나'로 나누고 시비하던 '나'도 사라집니다.

무명이 생겨나 점차 커져 '나'를 만들어 내고 그 '나'가 시비분별 해서 중생계를 만들어 냈으니, 무명이 타파된다는 것은 곧 '나'가 사라진다는 것이고, '나'가 사라지면 중생계가 다 사라지는 겁니다. 보는 주체인 내가 사라지면 내가 보는 객관 세상이 어디 있겠습니까? '나'라는 중생이 사라지면 '나'라는 중생이 보는 중생계가 사라져 중생이 보는 어떤 세상도 존재하지 않습니다. 내가 사라져서 내가 보는 중생계가 사라졌다고 하면 남는 것이 무엇이겠습니까? 부처님 세상, 부처님 마음만 남는 것입니다.

선禪 법문을 들어보면 '주관과 객관이 사라지는 자리' 혹은 '주객이 사라지는 자리'라는 표현을 자주 씁니다. '주와 객이 사라지는 자리' 그 자리가 바로 무명이 타파되는 자리입니다. 왜 그렇습니까? 무명을 통해서 내가 나왔고 나를 통해서 중생계가 만들어졌기 때문에 내가 있으므로 해서 객관 세계가 있게 됩니다. 중생계가 있게 되는 겁니다. 그런데 주객이 사라졌으므로, 주객을 통해 시비분별 하던 그 자리가 사라졌기 때문에, 시비분별이 없는 부처님 마음 그 세상만 남습니다. 그 무명이 타파되는 순간 부처님 세상이 열리는 것이지요. 그것이 바로 '돈오돈수'입니다.

무명 너머 부처님 세상이 있다는 가르침을 육조 스님을 통해서 선지식을 통해 배우면서 차근차근 닦아나가 마지막 공부가 해결되는 자리에서는 무명이 사라져야 합니다. 무명이 사라지기 전까지는 돈오점수라고 해도 좋고 점오점수라고 해도 좋습니다. 꾸준히 단계를 밟아 수행하는 것입니다. 그러나 이처럼 단계를 밟아나가도 공부의 완성은 어디서 찾느냐, 돈오돈수에서 찾아야 하는 겁니다. 돈오돈수가 되는 이 자리야말로 '참다운 깨달음'입니다.

그전까지는 깨달음이라고 이야기 할 수 없습니다. 무엇인가 알았다고 해도 그것은 중생 수준에서 안 것이지 부처님 자리에 들어간 그 자리에서 안 것이 아니기 때문에 진정한 깨달음이라 할 수 없습니다.

아미타불이 되는 자리가 극락정토

> 위군 : 저는 스님이나 신도들이 끊임없이 늘 아미타불을 불러서 서방세계에 가려고 하는 것을 보았는데, 염불하면 극락세계에 태어날 수 있는지 말씀하여 주시옵소서. 바라옵건대 이 의심을 없애 주옵소서.
>
> 육조 : 어리석은 사람은 끊임없이 염불하여 극락세계에 태어나기를 바라지만 깨달은 사람은 스스로 자신의 마음을 맑고 깨끗하게 한다. 그러므로 부처님께서는 "마음이 깨끗해지자 부처님의 국토가 맑고 깨끗하다."라고 말씀하셨다.

'아미타불'의 '아미타'는 범어인데 뜻으로 풀이하면 '무량수, 무량광'입니다. 그래서 아미타불을 '무량수불'이라 하기도 하고 '무량광불'이라고 하기도 합니다. '무량수無量壽'란 영원한 생명입니다. '무량광無量光'이란 영원한 빛이지요. 아미타불을 '쌍차쌍조雙遮雙照'에 대비를 해보면 무량수는 '쌍차'에 해당됩니다. 중생의 목숨, 시비분별 하는 중생의 목숨이 사라져 부처님 생명만 남아 있는데 그 생명이 영원하여 그 세월을 헤아릴 수 없는 것이지요. 중생의 마음이 사라진 자리인 부처님 마음에서 빛이 뻗어 나오는데 부처님 마음이 영원하므로 그 빛도 영원합니다. 그래서 그 빛을 '무량광'이라고 합니다. 무량광은 '쌍조'에 해당됩니다. 아미타불에 '무량수, 무량광'이 같이 있는 것입니다. 우리 마음속에서 시비분별이 다 사라져 부처님 광명이 뻗어 나오는 그 자리가 아미타불인 것입니다.

염불하면서 아미타불에 집중하게 되면 시비분별 하는 마음이 일어나지 않습니다. 이렇게 계속 아미타불을 불러 아미타불 속에 들어가 그 부처님과 하나가 되면 시비분별은 영원히 사라지게 됩니다. 바로 자신이 아미타불이 되는 것이지요 '무량수, 무량광'이 되는 겁니다. 그 자리가 바로 극락정토입니다. "그 자리로 저는 돌아가겠습니다."라고 하는 것이 '나무아미타불'입니다. '나무'는 범어로 귀의한다는 뜻이지요. 아미타불에 귀의한다는 것은 내 마음자리 그 무량수, 무량광에 귀의한다는 말입니다. 무량수, 무량광에 귀의하여 아미타불이 되는 자리가 극락정토라고 하면 '극락정토는 가깝다'는 말도 맞지 않습니다. 바로 자기 마음속에 있는 것이기 때문입니다.

입으로만 부처님을 외울 때는 '염불'이 아닙니다. 부처님을 마음속에 기억하고 있을 때가 염불입니다. 우리가 염불이라고 할 때 이 '염念'의 뜻은 부처님을 마음속에 잊지 않고 기억한다는 것입니다. 그래서 염불은 입으로 하는 것이 아닙니다. 마음속에 부처님이 새겨져야 합니다. 입으로만 부처님을 이야기하면서 마음속에 부처님이 없으면 이

것은 부처님을 녹음기처럼 외우는 것입니다. 부처님을 부르면서 부처님이 마음에 새겨져 있다면 입으로 외우지 않더라도 이것이 진짜 염불입니다.

부질없이 중얼거리면서 마음속의 부처님을 잃어버린다면 도에는 아무런 이익이 없습니다. 염불을 한다 할지라도 여기에서 말하는 진짜 부처님을 알고 마음속에 새겨야 그게 염불이지 입으로 부처님을 이야기하면서 마음속에 진짜 부처님이 없다면 그것은 부질없는 일밖에 안 됩니다.

'나무아미타불'을 육자법문이라고 합니다. '나·무·아·미·타·불' 여섯 글자지요. '나무아미타불, 나무아미타불'을 부르며 계속 마음속으로 염念하는 것은 이 여섯 글자로 자기 자신한테 법문하는 겁니다. 그래서 육자법문이라고 합니다. '나무아미타불, 나무아미타불' 이 여섯 글자에 집중하여 염불하면 다른 생각이 조금도 일어나지 않습니다. 다른 생각이 일어나지 않으므로 중생의 시비분별이 다 떨어집니다. 중생의 시비분별이 모두 떨어지면 내가 사라져 육도윤회를 할 내가 없지요.

염불이란 '나무아미타불 부르면 윤회를 벗어난다'는 것을 반드시 믿고 해야 하는 것입니다. 입으로는 부처님을 똑똑히 부르고, 마음으로는 그 부르는 부처님을 잊지 않으며 부처님 마음을 생각해서 소리와 마음이 하나 되어 염불할 때 그 자리가 진짜 염불하는 자리이고 그런 마음으로 염불하면 반드시 윤회를 벗어나게 됩니다. 나무아미타불을 통해서 내가 아미타불이 되는 것 이것이 진짜 염불입니다.

본문에서 보듯 육조 스님께서는 "어리석은 사람은 끊임없이 염불하여 극락세계에 태어나기를 바라지만 깨달은 사람은 스스로 자신의 마음을 맑고 깨끗하게 한다."라고 말씀하셨습니다. 이처럼 큰스님께서는 바로 본디 마음을 가리켰지 따로 염불과 같은 방편을 쓰고자 하지 않았습니다. 그러나 『선가귀감』에서 서산 대사는 다음과 같이 말씀하시면서 염불수행을 권하고 있으니 인연 닿는 분들은 전심전력으로 아미타불을 불러 생사윤회를 벗어나시기 바랍니다.

"부처님의 자취에 참으로 극락세계 아미타 부처님이 있고 아미타불이 세운 마흔여덟 가지 큰 원력이 있으므로, 아미타불을 열 번 소리 내어 염불하는 사람은 이 원력의 힘으로 극락왕생하여 빠르게 윤회에서 벗어날 것이다. 삼세 모든 부처님이 저마다 똑같이 말씀하셨고, 시방세계 보살들도 똑같은 원으로 극락왕생하였다. 또한 옛날이나 지금이나 극락세계에 왕생한 사람들의 행적이 분명히 전해지니 바라옵건대 모든 수행자는 염불의 뜻을 착각하지 말고 부지런히 이 공부에 힘쓰고 또 힘쓸 일이다."[1]

---

1. 이 부분과 앞서 268쪽 마지막 단락부터 이어지는 염불에 대한 설명은 본인의 저서인 선가귀감을 강설한 『선수행의 길잡이』(도서출판 법공양, 2008)에서 인용, 참조하였다.

21장 강설

여덟 가지 삿된 길을 바로 잡는 팔정도

열 가지 나쁜 마음을 없애 십만 리를 나아가고 여덟 가지 삿된
마음을 없애 팔천 리를 지나가라. 곧은 마음만 실천하면 순식간
에 아미타불을 본다.

팔정도란 정견正見·정사正思·정어正語·정업正業·정명正命·정정진
正精進·정념正念·정정正定입니다. 글자 그대로 번역하면'바른 견해·
바른 생각·바른 말·바른 행위·올바른 삶·올바르게 끊임없이 노력하
는 것·올바른 생각·올바른 마음가짐'입니다.

이렇게 여덟 가지로 나누어서 이야기하지만 근본을 보면 하나로 연결
되어 있습니다. 중생인 우리가 가고자 하는 세상은 부처님 세상입니
다. 부처님 세상으로 가기 위해서는 우리가 쓰고 있는 중생의 마음을
버려야 합니다. 중생의 시비분별 하는 마음은'나'라고 하는 것이 있기
때문에 일어납니다.

이 '나'에는 전제 조건이 있습니다. '나'라고 하는 것은 상일주재常一主宰 해야 합니다. '나'는 영원해야 하며, 변하지 말아야 합니다. 그것을 '상일'이라고 합니다. 나는 영원히 살면서 내 마음대로 할 수 있는 것이 전제가 되어야 합니다. 그것을 '주재'라 하는데, 주인이 되어서 자기 마음대로 삶을 재단할 수 있어야 한다는 것입니다. '나'라고 하는 그 개념 속에는 '나는 영원할 거야' '나는 오로지 나 혼자일 뿐이지' '나는 내 마음대로 할 수 있어야 해' 이런 전제가 바탕이 되어 있습니다.

진짜 나라고 하면 영원해야 하고 내 마음대로 할 수 있어야 하고 이 모습 그대로 영원히 가야 하는데 실상은 그렇지 않습니다. 그렇지 않다면 그런 '나'는 진짜가 아닌 '가짜'입니다. 그런 가짜는 없애야 합니다. 이 '나'는 아뢰야식의 무명에서 비롯되었습니다. 그래서 무명이 사라지면 내가 사라집니다. 내가 사라지면서 내가 만든 중생계도 전부 사라지는 것이지요. 무명이 깨지면서 부처님 세상으로 들어가는 겁니다. 부처님 세상에 들어가면 '나'라고 하는 것이 있겠습니까? 내가 없습니다.

그런데 '진짜 나'는 있는 겁니다. '진아眞我', '대아大我'라고 불리는 '진짜 나'는 바로 부처님입니다. 그러나 '진짜 나'는 그 안에서 '너'와 '나'가 하나가 되었기에 '너'와 '나'의 구별을 일으키지 않습니다. 분별은 중생의 마음속에 있는 '나'가 일으키는 것이지요.

시비분별 하는 중생의 무명을 벗어나서 부처님 세상을 보는 것이 '정

견正見'입니다. 그것이 견성입니다. 그럼 그 자리는 부처님 마음자리이고 그 자리에서 일어나는 생각은 바르겠지요. 그것이 '정사正思'입니다. 그런 분은 말을 올바르게 하겠지요. 그것이 '정어正語'입니다. 부처님 마음자리에서 일어나는 생각을 하고 말을 하면서 지어가는 모든 행위는 올바르겠지요. 그것을 '정업正業'이라 합니다.

이런 삶이 바로 부처님 삶이지요. 이 삶을 '정명正命'이라고 합니다. 이 삶이 끊임없이 이어지는 것 그것이 '정정진正精進'입니다. 끊임없이 앞으로 나아가는 것이지요. 그렇게 살아가면서 내 마음속에서 부처님을 잃지 않고 있는 것이 '정념正念'입니다. 정념을 우리는 그냥 바른 생각이라고 하는데 무명이 사라진 부처님 마음자리를 잃지 않고 그 마음자리를 늘 품고 사는 것 그것이 정념입니다. 그렇게 살면 늘 행복하겠지요. 편안하겠지요. 극락세계에 사는 것이니 말입니다. 그것이 '정정正定'입니다.

이렇게 이야기해 보면 이 여덟 가지가 같은 것이지요. 부처님 마음자리를 알면 거기서 '계·정·혜' 삼학을 이야기할 수도 있고 '팔정도'를 이야기할 수도 있고 '사제四諦'를 이야기할 수도 있고 '십이연기법'을 이야기할 수도 있습니다. 우리가 그 마음만 정말 가질 수 있다면 그 마음을 통해 중생들을 위해서 많은 이야기를 해줄 수 있습니다. 바로 여러분을 위한 팔만사천 법문이 그 자리에서 나오는 것입니다.

육조 스님의 도 닦는 법 '무상송'

육조 스님은 법문하시면서 '무상無相'이라는 말을 많이 쓰고 있습니다. 이 무상은 달리 말하면 '깨달음'입니다. 무상無相은 한자로 '모양이 없다'는 뜻입니다. 집착하는 어떤 경계도 없다는 뜻이지요. '나'가 있어 시비분별을 일으켜 온갖 경계가 드러나는데, '거짓 나'가 사라지면서 내가 볼 수 있는 대상 경계도 따라서 없어지는 것입니다.

무명이 사라지는 순간 주객主客 곧 '보는 나'와 '보이는 대상'이 사라집니다. 거기서 텅 빈 마음자리가 나오는데 그것이 '무상無相'입니다. 그래서 무상은 '텅 빈 공空'의 다른 말입니다. 무명이 사라진 부처님 마음자리이지요.

육조 스님께서는 위사군이 세속에 사는 사람은 어떻게 수행하느냐고 묻자 어떤 모습에도 집착이 없음을 깨닫게 해주는 '무상송'에 의지하여 공부하라고 하셨습니다. 그러시면서 '무상송'으로 앞서 말씀하신 법문의 골자를 다시 설명하고 있습니다.

菩提本淸淨 起心卽是妄 淨性在妄中 但正除三障
보리본청정　기심즉시망　정성재망중　단정제삼장

깨달음은 본디 맑아 깨끗하지만

한 생각을 일으키니 허망한 마음

이 허망한 마음속의 깨끗한 성품

그 마음만 바로 쓰면 번뇌가 없네.

'깨달음'이란 본래 자신이 갖고 있는 깨끗한 부처님의 성품인데 그걸 모르고 중생의 마음을 일으키면 곧 그것은 허망한 것이 되고 맙니다. 중생의 마음은 존재하지도 않는 '나'란 모습에 집착하기 때문입니다. 그런데 부처님의 깨끗한 마음은 중생의 마음속에 있으니, 중생들이 그것을 알고 다만 그 마음만 올바르게 쓰면 중생의 번뇌가 없어지는 것입니다.

'삼장三障'은 깨달음을 방해하는 세 가지 장애로 '번뇌장, 업장, 보장'을 말합니다. '번뇌장煩惱障'이란 중생이 탐욕, 성냄, 어리석음 때문에 바른 도를 이루지 못하는 것입니다. 번뇌가 일어나면 말과 행동이 거칠고 올바르지 않습니다. 이처럼 나쁜 마음이 드러나는 말과 행동으로 바른 도를 닦지 못하는 것이 '업장業障'입니다. 번뇌로 바르지 못한 행동을 하게 되면 과보를 받겠지요. 지옥·아귀·축생의 과보를 받아 불법을 들을 수 없는 것을 '보장報障'이라고 합니다.

世間若修道　一切盡不妨　常現在己過　與道即相當
세간약수도　일체진불방　상현재기과　여도즉상당

세상 사람 부처님 법 닦아 나가면
그 무엇도 방해하지 못할 것이니
언제나 늘 자기 허물 드러낸다면
깨달음 그 자체와 하나 되리라.

세상 사람이 만약 도를 닦는다면 그 어떤 것도 방해하지 못하니, 늘 스스로 자신의 허물을 볼 것 같으면 곧 도와 더불어 하나가 되기 때문입니다. 여러분들이 도를 닦는 데 어려울 일이 하나도 없다는 겁니다. 그 어떤 것도 여러분을 방해할 수 없습니다. 어떻게 도를 닦아야 그러합니까? 다른 것이 아닙니다. 자신의 허물만 보라는 겁니다. 항상 스스로 자기의 허물을 보는 마음만 있으면 도와 더불어 하나가 됩니다.

육조 스님 말씀하시는 도 닦는 법은 어렵지 않습니다. 자신의 허물을 똑바로 보고 솔직히 인정하면 됩니다. 그런데 사람들이 살다 보면 자기 허물을 드러내고 인정하기 보다는 남의 허물을 보고 남의 탓으로 돌리기 쉽습니다. 자기 허물을 보는 것이 옳다고 생각해도 돌아서면 잊어버리는 것은 여러분의 업종자가 늘 남의 허물을 보고 살아왔기 때문입니다. 그래서 이런 중생의 몸을 받고 사는 겁니다. 여기서 자유로울 사람은 아무도 없습니다.

色類自有道　離道別覓道　覓道不見道　到頭還自懊
색 류 자 유 도　이 도 별 멱 도　멱 도 불 견 도　도 두 환 자 오

모든 중생 그 자체에 도가 있는데
마음속의 도를 떠나 도를 찾으면
종신토록 도 찾아도 도를 못 보니
하얀 머리 성성해도 고뇌 깊으리.

'색류'는 여러 모습으로 드러나는 온갖 중생을 말합니다. 여러 모습을 띤 중생들이라도 스스로 모두 자신한테 가야 할 길이 있어서 다른 사람이 방해하고 번거롭게 할 것이 없습니다.

여러분들 한 분 한 분 모두 저마다 가야 할 길이 있습니다. 부처님 세상으로 갈 길이 여러분들 마음속에 이미 갖추어져 있습니다. 밖에 있는 그 누구도 방해할 수 없습니다.

그러므로 그 마음속의 도를 떠나 다른 곳에서 다른 도를 찾는다면 그 도는 이룰 수가 없습니다. 자기 마음속에 있는 도를 밖에서 찾을 수 없습니다.

이 몸이 다하도록 그 도를 찾아도 자신의 마음속에 있는 참다운 도를 바깥에서는 절대 찾지 못한다고 육조 스님께서는 말씀하셨습니다.

278

여러분 마음이 진짜 부처님 마음입니다.

그 마음을 떠나서 다른 부처님을 찾을 수 없습니다.

눈을 바깥으로 돌릴 것이 아니라 안으로 돌리십시오.

안으로 돌려서 나와 남을 분별하는 마음을 다 놓아버리십시오.

그 시비분별 때문에 남의 허물을 보는데 그 분별을 내려놓고

자기 허물을 보십시오.

자기 허물을 보는 그 순간,

부처님은 바로 그 자리에 계십니다.

부록

'금강경'을 대중들이 알기 쉽게 풀어 쓴 것이
'돈황 법보단경'이라 할 수 있습니다.

금강경의 본디 이름은 '금강반야바라밀경'인데
이 경의 핵심사상은 모두 '반야심경'에 담겨 있습니다.

금강경 도리가 온전히 녹아 있는 '반야심경'을 보면
'돈황 법보단경'을 이해하는 데 많은 도움이 되리라 생각하고
반야심경을 한글 풀이하여 부록으로 엮습니다.

한글반야심경

모든 중생 보살피는 관-자재 보살님이

觀自在菩薩
관 자 재 보 살

부처님의 세상으로 가는 지혜 실천할 때

行深般若波羅蜜多時
행 심 반 야 바 라 밀 다 시

몸과 마음 실체 없는 텅 빈 공을 보게 되니

照見五蘊皆空
조 견 오 온 개 공

몸과 마음 집착하던 온갖 고통 사라지네.

度一切苦厄
도 일 체 고 액

사리자여, 인연 모여 생겨나는 온갖 현상

舍利子 色
사 리 자 색

그 실체가 없으므로 '공'과 다를 것이 없고

不異空
불 이 공

텅 빈 공에 인연 모여 드러나는 '색'이기에

空
공

이 '공' 또한 그대로가 모든 '색'과 다름없네.

不異色
불 이 색

색 그대로 공이 되고 공 그대로 색이 되며

色卽是空 空卽是色
색 즉 시 공 공 즉 시 색

수·상·행·식 마음 작용 또한 이와 같으니라

受想行識 亦復如是
수 상 행 식 역 부 여 시

사리자여, 이와 같은 모든 법의 텅 빈 모습 　舍利子 是諸法空相
　　　　　　　　　　　　　　　　　　　　사 리 자　시 제 법 공 상

이 '공' 본디 생기거나 없어질 것 아니므로 　　　　　　　不生不滅
　　　　　　　　　　　　　　　　　　　　　　　불 생 불 멸

더럽거나 깨끗하다 집착할 것 아니면서 　　　　　　　　不垢不淨
　　　　　　　　　　　　　　　　　　　　　　　불 구 부 정

줄다든지 는다든지 그런 것도 아니더라. 　　　　　　　　不增不減
　　　　　　　　　　　　　　　　　　　　　　　부 증 불 감

이 때문에 텅 빈 공엔 어떤 색도 있지 않고 　　　　是故 空中無色
　　　　　　　　　　　　　　　　　　　　시 고　공 중 무 색

이 모습을 분별하는 마음조차 전혀 없다. 　　　　　　無受想行識
　　　　　　　　　　　　　　　　　　　　　　무 수 상 행 식

이 자리는 눈 귀 코 혀 몸도 뜻도 없어지고 　　無眼耳鼻舌身意
　　　　　　　　　　　　　　　　　　　　무 안 이 비 설 신 의

색 맛 소리 냄새 느낌 어떤 법도 있지 않아 　無色聲香味觸法
　　　　　　　　　　　　　　　　　　　　무 색 성 향 미 촉 법

육근 육경 없으므로 알음알이조차 없네. 　無眼界乃至無意識界
　　　　　　　　　　　　　　　　　　　무 안 계 내 지 무 의 식 계

알음알이 만들어 낸 무명 또한 없어지니 　　　　　　　　無無明
　　　　　　　　　　　　　　　　　　　　　　　무 무 명

없는 '무명' 없앤다고 헛된 노력 할 것 없다. 　　　　亦無無明盡
　　　　　　　　　　　　　　　　　　　　역 무 무 명 진

무명으로 생겨나던 늙고 죽음 또한 없어 　　　　乃至 無老死
　　　　　　　　　　　　　　　　　　　　내 지　무 노 사

늙고 죽음 없앤다고 집착 할 일 아니니라.   亦無老死盡
역 무 노 사 진

늙고 죽음 없기 때문 생사 떠날 '진리' 없고   無苦集滅道
무 고 집 멸 도

고집멸도 없으므로 알아야 할 '지혜' 없네.   無智
무 지

알아야 할 지혜 없어 '깨칠 것'도 없으리니   亦無得
역 무 득

깨칠 것도 없으므로 얻을 것이 없느니라.   以無所得故
이 무 소 득 고

깨달음을 추구하고 중생제도 하는 보살   菩提薩埵
보 리 살 타

부처님의 세상으로 가는 지혜 의지하여   依般若波羅蜜多故
의 반 야 바 라 밀 다 고

마음속에 걸림 없고 걸림 없이 살아감에   心無罣碍 無罣碍故
심 무 가 애 무 가 애 고

세상에서 꺼리거나 두려울 일 없으리니   無有恐怖
무 유 공 포

허망하온 꿈과 같은 온갖 번뇌 멀리 떠나   遠離顚倒夢想
원 리 전 도 몽 상

마침내는 영원토록 행복한 삶 이루리라.   究竟涅槃
구 경 열 반

삼세 모든 부처님도 바라밀다 의지하여   三世諸佛依般若波羅蜜多故
삼 세 제 불 의 반 야 바 라 밀 다 고

빠짐없이 한순간에 깨달음을 얻었으니   得阿耨多羅三藐三菩提
득 아 뇩 다 라 삼 먁 삼 보 리

부처님의 세상으로 들어가는 주문이라

故知 般若波羅蜜多
고지 반야바라밀다

'마하반야 바라밀다' 확실하게 알지어다.

모든 소원 이루어 줄 신비로운 주문이고

是大神呪
시 대 신 주

세상 실체 남김없이 환히 밝힐 주문이며

是大明呪
시 대 명 주

무엇보다 최상 공덕 갖고 있는 주문이니

是無上呪
시 무 상 주

이 세상에 으뜸가는 신령스런 주문이라

是無等等呪
시 무 등 등 주

모든 중생 온갖 고통 없애주고 달래주는

能除一切苦
능 제 일 체 고

진실 되고 헛됨 없는 부처님의 주문이네.

眞實不虛
진 실 불 허

'마하반야 바라밀다' 그 주문을 일러주니

故說般若波羅蜜多呪
고 설 반 야 바 라 밀 다 주

정성 다해 읽고 외워 지녀야만 하느니라.

卽說呪曰
즉 설 주 왈

"아제아제 바라아제 바라승아제 보디스바하" (3번 반복)

찾아보기

원순 스님이 풀어쓴 책들

한글 원각경 함허득통 주해 원각경을 알기 쉽게 풀어씀

연꽃법화경 모든 중생이 부처되는 길을 열어 보인 경전

육조단경 덕이본 육조 스님의 설법이 담긴 선종의 으뜸 경전

지장경 지장보살의 전생담과 대원력이 담긴 경전

금강경오가해설의_ 육조 스님 금강경, 야부 스님 금강경,

함허 스님 금강경, 규봉 스님 금강경,

종경 스님 금강경, 부대사 금강경

마음을 바로 봅시다 上下 『종경록』의 고갱이를 추린 『명추회요』 국내 유일 번역서

선원제전집도서 선과 교敎의 전체적인 내용을 알 수 있는 선학개론서

선요 선의 참뜻을 일반 불자들도 알 수 있도록 풀이한 선문 지침서

禪 스승의 편지 선방수좌들의 필독서 대혜 스님의 『서장書狀』 바로 그 책

치문 1·2·3권 생활 속에서 가까이 해야 할 선사들의 간절한 가르침

큰 믿음을 일으키는 글 불교 논서의 백미로 꼽히는 원효 스님의 『대승기신론소별기』

몽산법어 간화선의 교과서로 불리는 간화선 지침서

선가귀감 서산 대사가 경전과 어록에서 요점만 추려 엮은 선수행 지침서

선禪 수행의 길잡이 『선가귀감』을 이해하기 쉽게 풀이한 강설본

초발심자경문 출가자와 재가수행자들을 위한 마음 닦는 글

돈오입도요문론 단숨에 깨달아 도에 들어가는 가르침

신심명 · 증도가 믿는 마음 그 자체가 깨달음임을 일깨워 주는 선문학의 정수

독송용 경전_ 우리말 금강반야바라밀경

우리말 관세음보살보문품

약사유리광 칠불본원공덕경